Anbieten ohne
Anbiedern - Selbstmarketing
für Kreative

Alina Gause

Anbieten ohne Anbiedern - Selbstmarketing für Kreative

Ein psychologischer Ratgeber

Alina Gause
a.way - Beratungsstelle für Künstler
Berlin, Deutschland

ISBN 978-3-662-62910-9   ISBN 978-3-662-62911-6 (eBook)
https://doi.org/10.1007/978-3-662-62911-6

Die Deutsche Nationalbibliothek verzeichnet diese Publikation in der Deutschen Nationalbibliografie; detaillierte bibliografische Daten sind im Internet über http://dnb.d-nb.de abrufbar

Springer
© Der/die Herausgeber bzw. der/die Autor(en), exklusiv lizenziert durch Springer-Verlag GmbH, DE, ein Teil von Springer Nature 2021
Das Werk einschließlich aller seiner Teile ist urheberrechtlich geschützt. Jede Verwertung, die nicht ausdrücklich vom Urheberrechtsgesetz zugelassen ist, bedarf der vorherigen Zustimmung der Verlage. Das gilt insbesondere für Vervielfältigungen, Bearbeitungen, Übersetzungen, Mikroverfilmungen und die Einspeicherung und Verarbeitung in elektronischen Systemen.
Die Wiedergabe von allgemein beschreibenden Bezeichnungen, Marken, Unternehmensnamen etc. in diesem Werk bedeutet nicht, dass diese frei durch jedermann benutzt werden dürfen. Die Berechtigung zur Benutzung unterliegt, auch ohne gesonderten Hinweis hierzu, den Regeln des Markenrechts. Die Rechte des jeweiligen Zeicheninhabers sind zu beachten.
Der Verlag, die Autoren und die Herausgeber gehen davon aus, dass die Angaben und Informationen in diesem Werk zum Zeitpunkt der Veröffentlichung vollständig und korrekt sind. Weder der Verlag, noch die Autoren oder die Herausgeber übernehmen, ausdrücklich oder implizit, Gewähr für den Inhalt des Werkes, etwaige Fehler oder Äußerungen. Der Verlag bleibt im Hinblick auf geografische Zuordnungen und Gebietsbezeichnungen in veröffentlichten Karten und Institutionsadressen neutral.

Springer ist ein Imprint der eingetragenen Gesellschaft Springer-Verlag GmbH, DE und ist ein Teil von Springer Nature.
Die Anschrift der Gesellschaft ist: Heidelberger Platz 3, 14197 Berlin, Germany

„Ich habe 30 Jahre gebraucht, um über Nacht berühmt zu werden."

Harry Belafonte

Vorab

Es amüsiert mich schon, dass ausgerechnet ich ein Buch über Selbstmarketing schreibe, da ich gut als Paradebeispiel einer Künstlerin herhalten könnte, die ein solches Buch dringend nötig gehabt hätte, um nicht in zahlreichen Situationen des Selbstmarketings so kläglich zu versagen, wie ich es in der Vergangenheit getan habe. Aber gerade deshalb ergibt es wiederum auch Sinn, dass ich ein solches Buch schreibe. Wir wissen es aus allen Professionen: Die besten Lehrer und Lehrerinnen sind nicht unbedingt die, die ihr Können auf dem leichtesten Weg erlangt haben, sondern die, die auf einen reichen Erfahrungsschatz in der Überwindung von Hürden zurückblicken. Und das kann ich mit Fug und Recht behaupten.

Die Situationen, in denen Künstler und Künstlerinnen beim Selbstmarketing scheitern können, sind vielfältig: Fotoshootings, Castings, Selbstvorstellungen, Gespräche in beruflich relevanten Entscheidungssituationen, die Auswahl und Produktion von Präsentationsmaterial, Messen, Pressearbeit, Social Media, Netzwerktreffen, Premierenfeiern, Preisverleihungen, Interviews, Recherche oder Büroarbeit. Und die Palette von Rückzugsreaktionen präsentiert sich in allen emotionalen Farben: Trotz, Überheblichkeit, Vermeidung, Wut, Depression, Projektion, Neid, Erstarrung, Schuldzuweisung, Opferhaltung, Fatalismus, Sarkasmus, Erschöpfung und mehr. Kreative verfügen über eine hohe (wie man psychologisch sagen würde) „affektive Schwingungsfähigkeit", die sich neben vielen vorteilhaften Effekten auch als Selbstsabotage den eigenen Zielen in den Weg stellen kann. Dieser Fall tritt häufig ein, wenn es darum geht, für sich selbst zu werben. Und so gibt es unbedingt Handlungsbedarf in Sachen Selbstmarketing. Aber Marketing ist nicht gleich Marketing. Ein Buch über Selbstmarketing in kreativen Berufen muss die besonders komplizierte Beziehung kreativer Persönlichkeiten zu diesem Thema berücksichtigen. Deshalb unterscheidet sich dieses Marketingbuch von anderen dahingehend, dass es zudem ein psychologisches ist. Ich habe es für Künstler und Künstlerinnen geschrieben, die erfolgreich für sich selbst werben möchten und eine tiefergehende Beschäftigung mit sich und den besonderen Gesetzen des Künstlermetiers und künstlerischer Märkte dafür hilfreich finden. Wer sich für psychologische Zusammenhänge und einen Blick hinter die Kulissen interessiert, wird nicht enttäuscht werden. Wer hingegen einen „10-Schritte-zum-Erfolg-Plan" erwartet, wird mit diesem Buch nicht glücklich. Der Schwerpunkt liegt – meiner eigenen Biografie entsprechend – auf den darstellenden Künsten, dennoch sind die psychologischen Hintergründe auf alle kreativen Persönlichkeiten und Genres anwendbar.

Selbstmarketing ist eng verbunden mit allen anderen Aspekten im Leben eines Künstlers oder einer Künstlerin. Man könnte sagen: Ohne Selbst kein Marketing. Daher sollte der Aufbau einer Marketingstrategie wie beim Bau eines Hauses vom Fundament her geschehen und nicht vom Schornstein aus. Aus diesem Grund befasst sich der erste Teil dieses Buches mit Ihrer persönlichen Einstellung zu Selbstmarketing und damit verbundenen Widerständen.

Sie entwickeln eine Grundhaltung, die Sie zu Ihrem eigenen „partner in crime" macht. Im zweiten Teil wenden wir uns der Auswahl und Vorbereitung konkreter Aktivitäten zu und starten erste Unternehmungen. Dabei geht es vor allem darum, dass Sie einen Handlungsmodus finden, den Sie auch lange genug durchhalten können. Im dritten Teil schließlich sind wir dann bei konkreten Tipps und praktischen Übungen angelangt wie beispielsweise der Vorbereitung von Fotosessions, der Konzeption eines Profils in den sozialen Netzwerken oder Vertragsverhandlungen – Themen, die andere bereits am Anfang eines Buches über Selbstmarketing erwarten. Sie haben bis dahin möglicherweise einen längeren Weg zurückgelegt, halten aber Erkenntnisse in der Hand, die über den Bereich Selbstmarketing hinausgehen und Ihr künstlerisches und persönliches Leben ebenso voranbringen können.

Seit 2009 berate ich Kreative aller Genres. Ich startete zunächst mit einer Hypothese, wie Unterstützung in diesem Metier aussehen müsste, die sich aus meiner künstlerischen Vita und meinem Wissen als Psychologin entwickelt hatte. Heute ist diese Hypothese zu einer überzeugten Haltung geworden: Es gibt klare Regeln und Strategien für den persönlichen Erfolg. Setzen Sie sich damit auseinander und Sie können ein Leben führen, das Sie privat, künstlerisch und existenziell zufriedenstellt.

Selbstmarketing – also sich und seine Kunst der Welt anzubieten – kann Spaß machen. Und Spaß ist der einzige Treibstoff, der kreative Persönlichkeiten überzeugt. Nicht im Sinne von kurzem Kick oder leichter Unterhaltung, sondern im Sinne von Erfüllung, visionärer Sinnhaftigkeit und Flow-Erlebnis. Nicht weniger als das möchte ich denjenigen versprechen, die mir durch dieses Buch folgen.

Berlin, Deutschland Alina Gause
Februar 2020

Danksagung

Ich möchte mich beim Springer Verlag für das erneute Vertrauen und die kompetente Betreuung bedanken. Bei Monika Mühlhausen für das Projektmanagement und Shahbaz Alam für die Begleitung des Produktionsprozesses. Und insbesondere bei Joachim Coch für das Lektorat, die ausführlichen Antworten auf meine vielen Fragen, sein feines Gespür und die immer wertschätzende Haltung.

Ebenso möchte ich mich bei Karoline Klemke und Heike Scharpff für ihre aufmerksame und kompetente Lektüre des Manuskriptes und ihre hilfreichen Anregungen bedanken. Danke für Eure Zeit!

Des Weiteren gilt mein besonderer Dank Anna Piro-Lauble. Ich freue mich sehr, dass ihre wunderbar kreativen und lebendigen Illustrationen ein Teil dieses Buches geworden sind.

Und danke Dir, Andreas, dass Du es als Erstleser von allem, was ich schreibe, immer wieder schaffst, mich davon zu überzeugen, dass ich mich damit nach draußen wagen kann.

Wie in jedem meiner Sachbücher über Kreative möchte ich mich abschließend bei den vielen spannenden Persönlichkeiten bedanken, die mir in all den Jahren ihr Vertrauen geschenkt und von ihren Sehnsüchten, Sorgen und Nöten berichtet haben. Den Momenten, in denen sie vor Scham im Boden versinken wollten und denen voller Erfüllung und Hingabe, die sie mit ihrer Kunst erfahren. Ich wünsche ihnen allen, dass sie gesehen und gehört werden.

Inhaltsverzeichnis

Einleitung 1
Im ersten Schritt wenden wir uns Ihrer inneren
Haltung zu 9
Mit der richtigen Haltung im Rücken geht es
im zweiten Schritt darum, dass Sie ins
Tun kommen 10
Schritt 3 schließlich befasst sich mit
dem Sichtbarsein 10

Schritt 1   Die richtige Haltung finden

Die frühe Bühne – Ihr verlässlicher Motor 21

**Wo ist mein Biotop? – Schluss mit
„Wie muss ich sein?"** 37

Scham – Ohne Würde keine Entfaltung. 45

**Den „Aua-Komplex" überwinden
– Wohlfühlen ist Pflicht** 63

Hilfe naht – Entdecken Sie Ihre *dritte Person* 69

Schritt 2 Ins Tun kommen

Der Teufelskreis des Selbstmarketings – Warum zu viel Markt Kreativität blockiert...... 85

Die Engelsleiter des Selbstmarketings – Die Pflege der kreativen Substanz ist der Schlüssel 93

Die Politik der Viertelstunden – Raum und Zeit finden 105

Bürozeit – nie wieder ohne über den Berg....... 111

Die Wunschpartnerliste – Netzwerken nach Geschmack 115

Schritt 3 Sichtbar sein

Leben im Business – Wer ist wer und tut was, und warum Sie das wissen sollten 125

Exkurs 1: Not me! – Was #metoo mit Selbstmarketing zu tun hat 131

Die passende Unterstützung – Coaches, Agenturen und mehr 149

Exkurs 2: Verhandlungen 165

Präsentationsmaterial – Fotos, Website, soziale Netzwerke & Co 171

Zum Schluss 191

Quellennachweise und weiterführende Literatur 193

Einleitung

Was ich zum Thema Selbstmarketing niederschreibe, ist ein Spiegel der Begegnungen und Entwicklungsprozesse, die ich im Rahmen meiner Tätigkeit als Künstlerin, Dozentin, Beraterin und Managerin erlebt habe. Daraus ergibt sich ein guter Überblick über die aktuellen Lebens- und Arbeitsbedingungen in der Kreativbranche, die in direktem Zusammenhang dazu stehen, welches Marketing sinnvoll ist. Seit 1985, als ich professionell ins Künstlermetier einstieg, hat sich einiges getan. Einerseits viel Gutes: #metoo hat uns die Intimacy-Coaches an die Filmsets gebracht. Musicalsänger und -sängerinnen werden vielerorts wie im Operngenre vergütet, weil man versteht, dass der stimmliche Einsatz vergleichbar ist. An manchen Theatern wird auch einmal auf die Abendprobe verzichtet, wenn das Team gut im Zeitplan ist. Es gibt die Möglichkeit, Gefährdungsbeurteilungen psychischer Belastungen durchzuführen, die auf die Belange künstlerischer Berufsgruppen zugeschnitten sind (wie es für andere Berufsgruppen längst üblich war). Institute für Tanz- und Musikermedizin leisten berufsspezifische Unterstützung. Das Internet bietet Kunstschaffenden vielfältige Plattformen, um sich auch ohne Vertriebskonzerne eine Fangemeinde aufzubauen oder ihre Produkte zu verkaufen. Erste Kunstmessen stellen Künstler und Künstlerinnen auch ohne die Vermittlung einer Galerie aus. Andererseits ist vieles noch so wie eh und je: Das Klischee des „verrückten Künstlers", der einzig ein „wahrer Künstler" zu sein vermag, ist vielerorts noch verbreitet. Ebenso das Stigma, dass Erwerbstätigkeit außerhalb des künstlerischen Bereiches Künstler und Künstlerinnen automatisch degradiert. Theater produzieren mehr Premieren denn je, was sich jedoch nicht in den Honoraren der künstlerisch Beschäftigten niederschlägt. Kunstschaffende können kaum von ihren Einkünften leben und sind von Altersarmut bedroht. Manche Orchestermusiker und -musikerinnen wissen sich nicht anders zu helfen, als ihr Lampenfieber mit Beta-Blockern oder anderen – unter dem Ladentisch gehandelten – Medikamenten in den Griff zu bekommen. Viele negative Beanspruchungsfolgen – wie z. B. Erschöpfung, Verletzungen oder Labilität – werden noch zu oft als notwendige Begleiterscheinungen eines Künstlerlebens betrachtet und daher nicht verhindert. Als ich neulich die Abschlussklasse an einer deutschen Hochschule der darstellenden Kunst unterrichtete, war ich schockiert: diese ausgelaugten und entmutigten Talente sollten in den nächsten Wochen in ein Leben voller Höchstleistungen starten? Ich vergleiche das künstlerische Metier gerne mit dem Hochleistungssport. Denn dort ist heute „state of the art", den Protagonisten ein Team an die Seite zu stellen, das mit allen benötigten Kompetenzen ausgestattet ist. Nicht aus Menschlichkeit, sondern weil dies die Leistung und das wiederum den Erfolg optimiert. Kreative müssen ihr eigenes Team sein oder zusammenstellen. Dazu bedarf es eines selbstfürsorglichen und strategischen Denkens, zu dem ich mit diesem Buch anregen möchte.

Für den Teamgedanken habe ich das „Konzept der drei Persönlichkeitsanteile Kreativer" entwickelt, in das ich Sie nun direkt einführen möchte: Als kreative Persönlichkeit verfügen

Sie bereits über ein persönliches Kernteam aus der ersten Person, Ihrer Privatperson, der zweiten Person, Ihrem Künstler-Ich und einem dritten Persönlichkeitsanteil, den ich die *dritte Person* nenne. Diese *dritte Person* erscheint in Situationen, die nicht eindeutig dem privaten oder künstlerischen Bereich zuzuordnen sind, und dazu gehören ausnahmslos alle rund um das Thema Selbstmarketing. Hier denkt man klassischerweise zunächst an berufliche Präsentationen oder Bewerbungen. Doch z. B. auch in dem Moment, wenn sich Ihr Tischnachbar bei einer privaten Geburtstagsfeier als ein für Sie attraktiver Arbeitgeber erweist, verabschiedet sich die erste – Ihre Privatperson – und die *dritte Person* erscheint. Oder aber auf der Probe: Sie spielen, d. h. Ihre zweite Person – die kreative – ist aktiv. Es wird unterbrochen und die Regisseurin, der Dozent, die Dirigentin, der Choreograf oder ein Kollege richtet das Wort an Sie: in diesem Augenblick steigen Sie aus Ihrem Künstler-Ich aus und die *dritte Person* ist gefragt. Die Unterscheidung dieser drei Persönlichkeitsanteile ist aus vielen Gründen wichtig, auf die ich im Verlauf des Buches noch detailliert eingehen werde. Einer sei aber schon jetzt genannt: Jeder dieser Persönlichkeitsanteile aktiviert andere Bewusstseinszustände und Kompetenzen. Für Ihren Erfolg ist es von erheblicher Bedeutung, dass Sie um die Stärken und Schwächen Ihrer drei Personen wissen und ohne große Irritationen von einer zur anderen wechseln können.

Hin und wieder werde ich darauf angesprochen, womit man die *dritte Person* genau übersetzen könne. Person 1 = Privatperson. Person 2 = Kreativ-Ich. Und die *dritte Person*? Ich möchte sie nicht anders nennen als schlicht: Die *dritte Person*. Denn Teil der Übung wird sein, dass Sie Ihre ganz persönliche innere Bezeichnung damit verbinden. Eine Klientin, mit der ich mich über die Frage nach einem inhaltlichen Titel für ihre *dritte Person* austauschte, schrieb mir: *„Ich habe es für mich persönlich mein „Manager-Ich" genannt und mir eine eierlegende Wollmilchsau, eine Mischung aus fürsorglicher Mutti und gut verhandelnder Geschäftsfrau vorgestellt."*

Viele Kreative identifizieren die *dritte Person* als ihre größte Baustelle. Sie erleben sie als hilflos, inkompetent und ohnmächtig. Bezogen auf das Beispiel der Geburtstagsfeier scheinen sie in dem Moment, wenn der Tischnachbar sich als erfolgreicher Intendant, Regisseur, Film- oder Musikproduzent zu erkennen gibt, durch den Wechsel von Privatperson zu *dritter Person* innerhalb einer Sekunde den Zugriff auf alles zu verlieren, was Person eins und zwei sonst für eine gewinnende Kommunikation zur Verfügung steht: Charme, Humor, Scharfsinn, Überzeugungskraft, Wissen, Begeisterung oder Leidenschaft. Es ist nachvollziehbar, warum die *dritte Person* häufig der Schwächling des Trios ist: Kreative werden in der Regel nicht Künstler und Künstlerinnen, weil sie es lieben zu verkaufen. Und so ist die *dritte Person* zwar für das Selbstmarketing zuständig, wird ihrer wichtigen Rolle aber selten gerecht, weil sie häufig unvorbereitet und ungeliebt im Regen stehen gelassen wird. Versorgen Sie Ihre *dritte Person* nicht mit dem notwendigen Know-how, rächt sie sich, indem sie Sie vom Markt verschwinden lässt und zu allem Überfluss noch mit Vorwürfen und Klagen überschüttet:

„Warum stehe *ich* jetzt nicht da oben?"
„Hättest Du das doch vor fünf Jahren gemacht!"
„Ist doch alles nur ein Tropfen auf den heißen Stein."
„Das Leben ist ungerecht."
„War das peinlich!"

Das wollen wir für Sie mit diesem Buch ändern. Das Missverhältnis der hohen Bedeutung der *dritten Person* für die Sichtbarkeit auf dem Markt einerseits und die mangelhafte Ausbildung und Ausstattung für diese wichtige Aufgabe andererseits sind der Grund dafür, dass ich diesem Persönlichkeitsanteil und dem Thema Selbstmarketing nun ein ganzes Buch widme.

Nicht ob oder was, sondern wie und dass!

Wenn mich jemand erstmals – in einem Workshop, bei einem Vortrag oder in der Einzelberatung – zum Thema Selbstmarketing hört, weiß ich, dass ich eine entscheidende Hürde zu nehmen habe. Eine Sängerin fasste es nach unserem ersten Treffen so zusammen: *„Ich dachte, ich gehe hier mit einer Anleitung für Instagram raus."* Erwartungen wie diese muss ich enttäuschen. Ich weiß, wie sehr sich gerade Kreative wünschen, man müsste nur das richtige Werkzeug in die Hand bekommen und schon würde sich Selbstmarketing als leichte Übung entpuppen. Ich setze anders an. Und das ist nicht zufällig so, sondern entspringt meinen Erkenntnissen aus über 10 Jahren Beratung und Management von Kreativen, meinem Hintergrundwissen als Diplompsychologin und nicht zuletzt meiner persönlichen Erfahrung aus 30 Jahren künstlerischer Tätigkeit. Aus diesen Einflüssen ist der Wunsch entstanden, Künstlern und Künstlerinnen etwas anzubieten, das mich selbst überzeugt hätte. Keine einfachen Lösungen für komplizierte Sachverhalte, sondern ein ganzheitliches und nachhaltiges Verständnis – als Mensch und kreative Persönlichkeit. Ich mache keinen Hehl daraus, dass ich simplifizierte Ansätze, die auf mangelnder Kenntnis psychologischer Vorgänge, kreativer Persönlichkeiten und Prozesse basieren, ablehne, weil sie Wasser auf die Mühlen schädlicher Klischees sind und eine angemessene Wertschätzung von Kunstschaffenden verhindern. Keine Berufsgruppe wird gleichzeitig so verachtet und überhöht. Auf der einen Seite belächelt man sie mehr oder weniger liebevoll als Spinner, die ihr Leben einer zweifelhaften Selbstverwirklichung widmen, die für die Welt vollkommen nutzlos ist und daher auch nicht zwingend angemessen bezahlt werden muss. Auf der anderen Seite können sie über alle Maße verehrt, beneidet und begünstigt werden (und dementsprechend horrende Gagen einfordern). George Clooneys Mutter soll einmal zu ihm gesagt haben: *„Du warst nie so schlecht, wie sie geschrieben haben und Du warst nie so gut, wie sie geschrieben haben."* Eine angemessenere Einschätzung dessen, was kreative Berufsgruppen sind und leisten, würde es ihnen ermöglichen, ihren Beitrag auch selbst höher zu schätzen und bewusster zu nutzen. In Zeiten von Globalisierung, Individualisierung, veränderten Geschlechterrollen oder Digitalisierung sind wir alle mit gesellschaftlichen Veränderungen konfrontiert, die Künstler und Künstlerinnen seit jeher in ihrem Leben bewältigen müssen, und so haben sie vielen Menschen Erfahrung im Umgang damit voraus. Beinahe jedes Anforderungsprofil eines Arbeitsplatzes enthält heute das Wort „Kreativität". Und das, obwohl niemand genau weiß, was darunter zu verstehen ist. Was macht Kreativität aus? Welche Voraussetzungen müssen dafür gegeben sein? Wie viel ist es uns wert, das zu leisten? Wenn wir mehr darüber erfahren wollen, müssen wir uns ernsthaft mit kreativen Persönlichkeiten und Prozessen auseinandersetzen. Das gilt für Menschen, die keine Verbindung zum künstlerischen Metier haben genauso wie für Sie. Und damit zurück zum Thema:

Nichts wäre einfacher, als eine Anleitung für Instagram weiterzugeben. Das könnte man sogar standardisieren: „copy and paste" – in fünf Minuten wäre die Sache erledigt.

„10 Schritte zum erfolgreichen Selbstmarketing!"
„Social Media – in drei Monaten zum Star!"
„Gewusst wie – alle Tricks zum Durchbruch auf einen Blick!".

Ich halte das für entweder ignorant oder unseriös. Kreativen etwas in der Art in die Hand zu drücken, käme mir vor, als würde ich ihnen ein Kuchenrezept geben, aber auf die Frage: „Ich habe gar keinen Strom – was nun?" mit den Achseln zucken und entgegnen: „Das ist nicht mein Problem. Ich habe Ihnen alles gesagt, was Sie wissen müssen." Aus meiner Sicht geht es für Künstler und Künstlerinnen beim Thema Selbstmarketing aber ausschließlich um die Frage nach dem Strom. Nicht darum, *ob* es getan werden muss – kaum jemand zweifelt daran, dass Selbstmarketing Teil des Jobs ist. Auch nicht, *was* getan werden muss – in der Regel kennen Kreative den Großteil dessen, denn sie verfolgen aufmerksam, was andere tun. Hier gibt es wenig Handlungsbedarf, aber das breiteste Angebot an Beratungen, Büchern, Workshops oder ergänzenden Studienveranstaltungen. Setzt man jedoch ausschließlich hier an – am „ob oder was"- kann es selbst bei nützlichen Inhalten das Gegenteil der beabsichtigten Wirkung entfalten. Manche nicken pflichtschuldig, während sie denken „Es ist zu spät. Du kannst nicht mehr aufholen, was Du bis hierhin versäumt hast. Du eignest Dich nicht für diesen Beruf. Alle anderen können das besser.". Sie gehen nach Hause und verdrängen die Notizen aus dem Vortrag oder die unterstrichenen Passagen des Buches wie ein schlechtes Prüfungsergebnis. Andere mögen hochmotiviert sein: „Ja – ich spüre, dass ich heute und hier in der richtigen Verfassung bin, topfit im Umgang mit Selbstmarketing zu werden!" Dieser Elan hält nicht selten nur zwischen einer Minute und einigen Wochen an und es folgt der Absturz in die Sinn– und Selbstwertkrise. Sie fragen sich vielleicht, wie ich mir in den Szenarien so sicher sein kann und es erscheint Ihnen dramatisiert? Dann vermute ich, Sie sind Angehörige, Freund oder Partnerin, üben selbst aber keinen kreativen Beruf aus?

> Was ich niederschreibe, beruht auf der Beobachtung von Situationen und Verläufen in den Biografien von Kreativen, die ich seit über dreißig Jahren verfolge oder begleite.

Sicher bin ich mir nie. Dramatisch ist es immer. Das hängt mit der existenziellen Bedeutung der künstlerischen Tätigkeit für die Identität einer kreativen Persönlichkeit zusammen. Das Produkt, das hier zu Markte getragen werden soll, ist eng mit dem Körper, dem Geist und der Seele der Verkaufenden verbunden. Dementsprechend zerstörend kann es sein, wenn es sich als kaum verkäuflich erweist. Und psychisch erschöpfend, wenn Akquise sich wie Striptease anfühlt. Oder wenn der kreative Prozess eine Eigendynamik entwickelt, die sich entgegengesetzt zu den Markterfordernissen verhält.

Menschen, die ein hohes Maß an Kreativität ausmacht, gehen grundsätzlich anders an Projekte heran als andere. Also auch an das Projekt Marketing. Dem sollte Rechnung getragen werden, indem man einerseits die hilfreichen Aspekte dieser Andersartigkeit nutzt und andererseits durch die weniger nützlichen nicht den Strom gefährdet. Woran es Kreativen häufig mangelt, ist das psychologische Knowhow, sich selbst zu motivieren oder zumindest nicht zu sabotieren, ihre Kunst nach außen zu tragen. Die Frage, auf die sie eine Antwort brauchen, lautet: Wie muss ich mein Selbstmarketing gestalten, damit ich es kontinuierlich und damit nachhaltig anwenden kann?

> Nicht *ob* Selbstmarketing sinnvoll ist oder *was* die richtigen Tools sind, ist also die Frage, die im Vordergrund steht, sondern *wie* man es der eigenen Persönlichkeit entsprechend gestaltet und damit garantiert, *dass* es tatsächlich stattfindet.

Dazu soll dieses Buch seinen Beitrag leisten. Die Basis dafür bieten die folgenden fünf Grundsätze, deren praktischer Umsetzung wir uns im Verlauf der Lektüre widmen werden:

1. **Schauen Sie hinter die Kulissen!**
   Es ist von entscheidender Bedeutung, dass Sie sich über die Hintergründe Ihres Tuns bzw. Nichttuns klar sind.
2. **Denken Sie langfristig!**
   Zuerst gilt es, ins Tun zu kommen, aber dann auch, im Tun zu bleiben. Und das über Jahrzehnte.
3. **Nehmen Sie sich mit!**
   Gestalten Sie Ihr Vorgehen dafür so, dass es möglichst wenig Reibungsverlust mit Ihrer Persönlichkeit verursacht – sonst ist das nicht zu leisten. Und wird deswegen in den meisten Fällen auch nicht geleistet.
4. **Denken Sie strategisch!**
   Was ist das Produkt, das Sie anbieten möchten? Wo möchten Sie damit hin? Welches Verhältnis von Aufwand und Ertrag Ihres Selbstmarketings streben Sie an?
5. **Halten Sie Form und Inhalt flexibel!**
   Passen Sie Ihr Vorgehen immer wieder den neuen Lebensumständen, veränderten Zielvorstellungen oder Bilanzen an.

Im ersten Schritt wenden wir uns Ihrer inneren Haltung zu

Sicher ist für jeden Menschen wichtig, mit welcher Haltung er an eine Sache herangeht, aber bei kreativen Persönlichkeiten ist der Unterschied frappierend. Finden sie den Zugang zu ihrer kreativen Quelle, ist es, als würde man sie anschalten, umgekehrt, als würde man den Stecker ziehen, wenn sie keine Verbindung zu sich herstellen können oder entgegen einer inneren Überzeugung handeln müssen. Für die eigene Person bzw. Kunst zu werben, kann eine Tortur sein, die das Leben zur Hölle macht. Es kann aber auch ein natürlicher Vorgang sein, der zudem Spaß macht. Die Haltung ist der erste Schritt dazu, Ersteres in Letzteres zu verwandeln. Eine solche Haltung lässt sich nicht von heute auf morgen entwickeln – zudem, wenn sie einem fremd ist. Sie muss auf der gedanklichen Ebene ausgearbeitet und dann konkret angewendet werden. Erst im Ergebnis dessen werden sich die Gefühle ändern.

Mit der richtigen Haltung im Rücken geht es im zweiten Schritt darum, dass Sie ins Tun kommen

Der Effekt des schlichten Tuns wird nach wie vor unterschätzt. Oder wie der Schauspieler Götz George gerne gesagt hat: *„Nicht reden. Machen."* Selbstmarketing kann für kreative Persönlichkeiten so anstrengend und lästig sein, dass ich empfehle, nicht eine Minute Lebenszeit, nicht einen Cent des ohnehin mäßigen Einkommens und nicht einen Funken der kreativen Energie in eine Richtung zu investieren, die dem Eigenen nicht entspricht. Stattdessen sollten Sie sich direkt dem für Ihr Produkt passenden Marktsegment mit den zu Ihrer Persönlichkeit passenden Mitteln zuwenden.

Schritt 3 schließlich befasst sich mit dem Sichtbarsein

Wenn die Haltung stimmt und Sie ins Tun gekommen sind, werden Sie automatisch sichtbar werden. Nun könnte man sagen: Ziel erreicht – hier endet das Buch. Für manche beginnt hier aber erst das Problem. Für viele Kunstschaffende ist die Tatsache, dass Selbstmarketing zur Folge hat, dass man den eigenen Schutzraum verlassen und sichtbar werden muss, um zum Ziel zu kommen, die eigentliche Hürde. Daher ist der dritte Schritt, um den es in diesem Buch gehen wird, der des Umgangs mit dem Sichtbarsein. Ist man im Einvernehmen damit, im Rampenlicht zu stehen, ist gesichert, dass das Vorgehen auch langfristig hält.

Das Geheimnis erfolgreichen Selbstmarketings hat man dann gelüftet, wenn man sich dort, wo man sich zeigt, willkommen fühlt. Dann ist die Tortur vorbei und es fängt an, Spaß zu machen. Entdecken muss man sich dafür selbst. Und anbieten. Anbiedern nicht.

Schritt 1

Die richtige Haltung finden

Eine selbstfürsorgliche, strategische und langfristig ausgerichtete Haltung ist für viele Künstler und Künstlerinnen gewöhnungsbedürftig. Das hat drei Gründe: Erstens können sie sich besser damit identifizieren, spontan und aus einem Gefühl heraus zu agieren. Zweitens lässt sie ihre überdurchschnittliche Einsatzbereitschaft und Leidensfähigkeit hier manchmal den Überblick verlieren. Und drittens ging es vor und während ihrer Ausbildung ausschließlich um ihre künstlerischen Fähigkeiten, und das verlief eher nach dem passiven Modus des „Entdeckt-Werdens". Die Eltern, künstlerischen Mentoren oder Mentorinnen entdecken das Talent, das Auswahlverfahren der Ausbildungsstätte führt das Prinzip weiter. Man singt, spielt, malt, erfindet, tanzt und von draußen schaut jemand zu und sagt: „Du! Dich wählen wir aus und lassen Dir besondere Aufmerksamkeit und Förderung zukommen." Kümmert sich jemand bis zum Ende seines Studiums nicht darum, für sich zu werben, hört das Rad trotzdem nicht auf, sich zu drehen. Das ändert sich aber mit dem Abschluss. Manchmal gibt es noch eine Übergangsphase, in der man als Newcomer über die Empfehlung eines Mentors oder einer Mentorin der Universität oder Ausbildungsstätte vermittelt wird (und weniger Gage als bereits Etablierte verlangt). Aber nicht lange danach wird spürbar: Wer dem Prinzip des Entdeckt-Werdens folgt, wird nicht viel arbeiten. Leider wird jungen Talenten manchmal vorgegaukelt, dass es wirksam ist:

> „Ich sah ihn und spürte gleich, dass er das gewisse Etwas hat."
> „Mir fiel zufällig ihr Demo in die Hände und ich rief sofort das Management an."
> „Sie wollte nur ihre Freundin zu dem Casting begleiten – am Ende bekam sie dann die Rolle."
> „Er hat das auf YouTube hochgeladen und dann ging es viral!"

Geschichten wie diese werden erzählt und medial verbreitet, weil wir Geschichten lieben. Künstler und Künstlerinnen lieben Geschichten mehr als alle anderen und sind daher auch besonders empfänglich dafür. Es passt zudem zu der Sehnsucht danach, entdeckt zu werden. Aber wer einmal die Erfindung vermeintlich persönlicher Geschichten als Teil einer PR-Strategie erlebt hat, der verliert den unschuldigen Glauben an die unbedingte Authentizität dessen. Mir sind Fälle bekannt, bei denen die Betreffenden es schwer hatten, sich später aus dem Netz an Un- und Halbwahrheiten zu befreien.

> Ich möchte Kreative dazu aufrufen, ihre eigene Geschichte zu erzählen und selbstbestimmt für ihr Marketing einzusetzen.

Zur richtigen Haltung für ein gelingendes Selbstmarketing gehört für Sie also zunächst einmal, dass Sie überprüfen, ob Sie (noch) dem Passiv-Modus folgen. Und sich dann darauf einzustellen, ihn durch die Lektüre dieses Buches in einen Aktiv-Modus umzuwandeln.

Schritt 1 Die richtige Haltung finden

Es gibt unendlich viele Gründe, sich das Thema Selbstmarketing nicht zuzumuten. Und mindestens so viele, es doch zu tun. Leider sind die Gründe, die uns davon abhalten, häufig tiefgreifender und daher handlungsentscheidender als die, die uns motivieren. Ich arbeite manchmal mit dem Konzept der Heldenreise (Campbell 1994; Vogler 1998), die den Drehbuchautoren und -autorinnen unter Ihnen sicher gut bekannt ist. Die Heldenreise beschreibt ein Schema, das den meisten Geschichten zugrunde liegt und verkürzt so beschrieben werden kann: Der Held/die Heldin zieht, einem Ruf folgend, aus der bekannten Welt aus, um eine unbekannte zu erobern. Nach der Überwindung eines ersten inneren Widerstandes nimmt er bzw. sie, bestärkt durch Mentoren und Mentorinnen, den Kampf mit Ungeheuern und andere Prüfungen auf sich, um schließlich an das Elixier zu gelangen, das dann noch den Rückweg nach Hause unversehrt überstehen muss. Am Ende wird das Hinzugewonnene mit dem Alten vereint und so entsteht „der Meister/die Meisterin zweier Welten" (siehe Abbildung „Heldenreise"). Wenn ein Künstler oder eine Künstlerin sich dazu aufraffen, sich dem ungeliebten Thema Selbstmarketing zu widmen, ist dies mit einer solchen Abenteuerreise vergleichbar. Der „Ruf des Marktes" zeigt sich wahlweise in Form von allgemeiner oder künstlerischer Unzufriedenheit, unbefriedigtem Ehrgeiz oder enttäuschten Ansprüchen, fehlenden Aufträgen oder der schlichten Erkenntnis der Notwendigkeit von verstärktem Selbstmarketing, um sichtbarer zu werden. Darauf folgen in der Regel einige Vermeidungs- und Widerstandszirkel:

„Erstmal proben/üben/trainieren/telefonieren/zocken/essen/Serie schauen, dann gehe ich es an …"

„Nur wer schlecht ist, hat es nötig, so penetrant für sich zu werben."

„Ich bin einfach nicht dafür gemacht."

Schließlich kreuzen verschiedene Mentoren und Mentorinnen den Weg der Reisenden – Partnerinnen, Dozenten, Coaches, Kolleginnen, Freunde, Familie. Manchmal bin ich die erste, die die Betreffenden dazu bewegen möchte, sich besser zu präsentieren. Laut Konzept der Heldenreise befinden wir uns dann vor der „ersten Überwindung" und damit vor dem „Weg der Prüfungen". Das ist ein heikler Moment, denn direkt vor uns liegt der unangenehme Teil. Und meine Aufgabe besteht darin, diesen Teil einerseits realistisch darzustellen, mein Gegenüber andererseits aber auch davon abzuhalten, die Flucht zu ergreifen. Manchmal überspringe ich diesen Teil dann erst einmal und frage: „Was sollte denn am Ende im Topf sein? Was ist Ihr Elixier?" Und wenn ich z. B. von einem Schauspieler höre: „Ich würde gerne etwas mehr drehen." Oder von einer Theaterregisseurin: „Nächstes Jahr mal etwas Anderes als das Weihnachtsmärchen angeboten bekommen." Oder von einer Opernsängerin: „Ab und zu auch mal ein Konzert geben neben meinen Verpflichtungen am Haus." Oder von einem Singersongwriter: „Meinen Namen ein bisschen bekannter machen." Oder: Eine neue Website gestalten, ein höheres Gagenniveau etablieren, soziale Netzwerke verstehen, neue Fotos erstellen, vielleicht einen Agenturwechsel anstreben. Dann weiß ich, dass er oder sie noch nicht in der Verfassung ist, sich den Gefahren und Anstrengungen auf dem „Weg der Prüfungen" auszusetzen. Verstehen Sie mich nicht falsch: Es ist nichts gegen eine neue Website und höhere Gagen einzuwenden oder den eigenen Namen etwas bekannter machen zu wollen. Doch das sind nur erste Schritte, erste „Prüfungen" auf dem Weg zum eigentlichen „Elixier". Für sich selbst genommen werden es diese Ziele kaum mit den Ungeheuern aufnehmen können – bei der ersten Hürde (z. B. einem negativen Feedback oder einer Fehlinvestition) wird umgekehrt.

Schritt 1 Die richtige Haltung finden

Die Aussicht auf die Ernte muss stark genug sein, um gegen die Momente der Scham, der Angst, der Konfrontation mit den eigenen Grenzen und Schwächen, die auf dem Weg lauern, zu bestehen. Sonst wird das Bedürfnis, sich zurückzuziehen in einen sicheren Hort – die „bekannte Welt" – siegen. Daher halte ich es für wichtig, bevor man dem „Ruf" folgt, zunächst genau zu überlegen, worin das eigentliche Ziel der Reise besteht.

Hierzu kann die Unterscheidung von Werten und Zielen aus der *Akzeptanz- und Commitment Therapie* (ACT) hilfreich sein (Harris 2009, 2013). Werte sind danach mit Leitprinzipien vergleichbar, die uns führen und motivieren können, während wir uns durch das Leben bewegen; Ziele hingegen sind wie wichtige Zwischenstationen zu betrachten, die wir auf diesem Weg anvisieren und erreichen können. Dementsprechend ist es möglich, Ziele abzuhaken wohingegen Werte uns im Lebensprozess erhalten bleiben. Russ Harris nennt hierfür ein anschauliches Beispiel (entnommen aus seinen Arbeitsmaterialien): *„Egal, wie weit nach Westen Sie gehen, erreichen Sie nie „den Westen"!".* Um also Zwischenziele setzen zu können und nicht vor der Realisierung zurückzuschrecken, möchten wir sicherstellen, dass Sie mit Ihrem persönlichen Wertesystem – Ihrer größten Kraftquelle – übereinstimmen:

Worin steckt die tiefe Bedeutung des Sichtbarseins für Sie, des Austausches, des Gesehen- und Gehört-Werdens, für die es sich lohnt, einiges auszuhalten?
Was ist Ihr „Elixier" in dieser Geschichte?
Und was passiert schließlich, wenn Sie es in den Händen halten – wie integrieren Sie das Neue in das Alte?
Werden Partner und Partnerinnen, das Ensemble, der Freundeskreis, Kollegen und Kolleginnen sich einhellig für Sie freuen, wenn Sie sich neu erfinden, in voller Größe erscheinen und Erfolge feiern?

18   Schritt 1   Die richtige Haltung finden

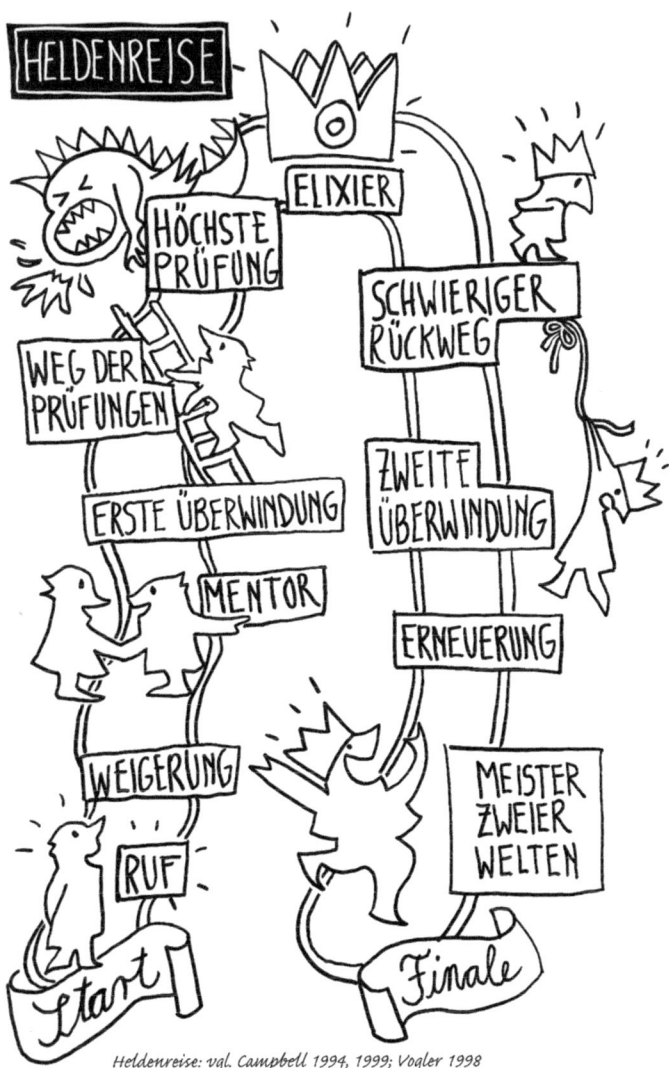

Heldenreise: vgl. Campbell 1994, 1999; Vogler 1998

Schritt 1 Die richtige Haltung finden

Im Folgenden befassen wir uns mit den häufigsten psychologischen Hürden, die kreative Helden und Heldinnen beim Selbstmarketing auf ihrem „Weg der Prüfungen" behindern und ich schlage Ihnen Denkansätze und Übungen vor, wie Sie sie meistern können:

- *Hürde 1: Fehlender Antrieb*
  „Die frühe Bühne – Ihr verlässlicher Motor"
- *Hürde 2: Falsche Umwelten*
  „Wo ist mein Biotop?" – Schluss mit „Wie muss ich sein?"
- *Hürde 3: Ein harter Blick auf sich selbst*
  „Den „Aua-Komplex" überwinden – Wohlfühlen ist Pflicht"
- *Hürde 4: Scham*
  „Scham – ohne Würde keine Entfaltung"
- *Hürde 5: Struktur*
  „Hilfe naht – Entdecken Sie Ihre *dritte Person*"

Die frühe Bühne – Ihr verlässlicher Motor

Ihre Haltung dazu, sich und Ihre Kunst anzubieten, ist entscheidend für den Erfolg aller geplanten Maßnahmen und daher ist es wichtig, im ersten Schritt zu klären, worin grundsätzlich im Leben Ihr Antrieb besteht. Ich sagte bereits eingangs, dass es für Kreative beim Thema Selbstmarketing ausschließlich um die Frage nach dem Strom gehe, d. h. also darum, wie Sie sicherstellen können, dass Sie dranbleiben. Es gibt zahlreiche unterschiedliche Modelle und Konzepte, um die Motivation eines Menschen zu erklären oder zu stärken. Manche eher evolutionär biologisch orientierte Ansätze sehen uns in den Grundzügen nah am Tier und unser Verhalten daher vorrangig auf die Verteidigung von Revieren, Nahrungsquellen oder die Verbreitung unserer Gene ausgerichtet. Davon abgesehen gibt es psychologische Modelle, von denen viele auf der Bedürfnispyramide von Abraham Maslow basieren, auf die ich am Ende dieses Kapitels noch eingehen werde. Ich selbst bevorzuge in der Arbeit mit Kreativen Konzepte mit emotional bedeutungsvollen Inhalten und einer bilderreichen Sprache. Ansätze, die eine Lebensphase wachrufen, die von freiem Spiel, unverfälschtem Ausdruck und Neugier geprägt war und damit in der Regel mit der Geburtsstunde Ihrer zweiten Person – des Künstler-Ichs – verbunden. So habe ich nicht zufällig mit der Heldenreise begonnen und möchte Ihnen im Folgenden das Konzept der „frühen Bühne" vorstellen.

Dafür gehen wir zurück in die Zeit, in der Sie Ihre ersten Begegnungen mit der Öffentlichkeit hatten und erste Erkenntnisse darüber gesammelt haben, welche Reaktionen Sie mit Ihren Handlungen in Ihrer Umwelt auslösen. In der Sie erste Leistungen erbracht haben wie Wörter, Schritte und Gesichtsausdrücke. Gefolgt von Legotürmen, Liedern, Tänzen und Bildern. In der Sie erste eigene Entscheidungen getroffen und Fehler gemacht haben. Unsere Beurteilung dessen, was wir vollbringen, wird in dieser Zeit durch die Bewertungen unserer Umwelt entscheidend beeinflusst. Wir orientieren uns an den Reaktionen, Blicken und Aussagen oder dem Ausbleiben derselben. Das gilt auch für die Einschätzung von Schmerz oder Gefahr. Wir blicken in das Gesicht unserer nächsten Bezugsperson, um unsere Wahrnehmung einordnen zu können. Bleibt sie entspannt, entspannen wir uns ggf. auch. Erkennt sie in unserer Leistung einen Grund zum Jubel, sind wir stolz. Ist ihre Stirn kraus, zweifeln wir. In dieser Phase, also bereits in den ersten Lebensjahren, formen sich Grundmotivationen, die uns ein Leben lang erhalten bleiben. Stück für Stück bildet sich eine tiefe Überzeugung, welche Ziele wir für erstrebenswert halten und wie wir unsere Mittel zur Erreichung dieser Ziele einschätzen (wer mehr darüber erfahren möchte, wird bei der Recherche unter dem Begriff „social referencing" und „Selbstwirksamkeit" fündig). Diese Haltung ist so tiefgreifend, dass sie sich noch 30 Jahre später bemerkbar machen kann, wenn es uns schwerfällt, ein Theater anzuschreiben, einen Post für Instagram zu entwerfen oder einen Pressetext zu schreiben, obwohl es von außen betrachtet kinderleicht erscheint. Wir haben zu einem viel früheren Zeitpunkt verinnerlicht, wie die Welt, in der wir leben, funktioniert. Und das entspricht möglicherweise nicht dem, was uns in dem Workshop, Buch oder Seminar über Marketing vermittelt wurde. Unser tief verankertes Ich lässt sich von unserem aktuellen Ich, das Selbstmarketing für eine tolle Sache hält, kein X für ein U vormachen, sondern bleibt bei dem Prinzip, das sich über Jahrzehnte etabliert hat.

> Eine konstruktive Haltung zum Selbstmarketing zu entwickeln, braucht daher gute Argumente, kontinuierlichen Input, Geduld und vor allem Selbstliebe.

Es führt nirgendwo hin, gegen das bewährte Wertesystem zu arbeiten. Effektiver ist es, das bereits etablierte zu nutzen. Dafür greife ich gern auf das Konzept der „frühen Bühne" zurück, wie Irmtraud Tarr Krüger (1993) diese erlernten Zusammenhänge bezeichnet. Wir betreten die „frühe Bühne" in den ersten Jahren unseres Lebens und legen damit den Grundstein für unsere Überzeugung, wofür es sich anzustrengen lohnt. Wir entwickeln unser bevorzugtes „Elixier". Danach sind es vier Aspekte, die uns Menschen individuell verschieden antreiben:

1. Liebe
2. Macht
3. Bedeutung
4. Sieg

Jeder dieser Aspekte verfügt für jeden von uns über eine gewisse Attraktivität, aber in der Regel sprechen uns ein bis zwei stark und ein bis zwei weniger an. Überprüfen Sie selbst bei den nachfolgenden Ausführungen, welcher der vier Aspekte Sie emotional stärker bzw. weniger betrifft. Drei Vorbemerkungen noch:

1. Versuchen Sie davon abzusehen, die Begriffe zu bewerten. Es sind Wörter, die durch ihre sprachliche Nutzung automatisch positive oder negative Konnotationen aufrufen. In diesem Zusammenhang sind sie aber wertfrei zu betrachten. Keiner der Aspekte ist dem anderen moralisch über- oder unterlegen.
2. Bei allen Aspekten entsteht der Antrieb in uns gleichermaßen durch das Anstreben des positiven Pols wie durch das Abstoßen des negativen Pols.
3. Das Ziel ist es, hieraus den effizientesten Kraftstoff für Sie persönlich zu identifizieren.

Liebe
(bzw. die Vermeidung von Ungeliebtsein)

Hierbei liegt der Fokus auf der Verbindung zu anderen Menschen. Es wird Resonanz und Austausch angestrebt. Man versichert sich gern der Tatsache, dass man nicht allein ist, dass man verstanden, anerkannt, wahrgenommen und gemocht wird. Umgekehrt investiert man auch gerne in die Vermeidung des Gegenteils. Der Antrieb entsteht durch den Wunsch, das Grundbedürfnis nach Harmonie und Sicherheit zu erfüllen.

> **Beispiel Erich, Komponist und Pianist**
>
> Aufgrund der Tatsache, dass Erich mit einer depressiven Mutter und einem abwesenden Vater seine Kindheit verbrachte, musste er in allen prägenden Phasen beinahe gänzlich ohne Resonanz auskommen. Was er auch tat – er wurde kaum wahrgenommen und äußerst selten mit Anerkennung bedacht. Ein kurzer Exkurs dazu: Es gibt ein psychologisches Forschungsvideo, das mir eindrücklich in Erinnerung geblieben ist. Es zeigt eine unter Depressionen leidende Mutter mit ihrem 6 Monate alten Säugling. Der Säugling versucht mit allen Mitteln, Kontakt zu seiner Mutter aufzunehmen. Er gurgelt, lacht, quiekt, strampelt mit den Beinchen und gestikuliert wild – die Mutter schaut auf ihn

und es ist keine Regung von ihrem Gesicht abzulesen. Wir sehen mit an, wie dieser Säugling emotional verhungert – es ist verheerend. Die Anweisung hatte gelautet: „Bitte spielen und kommunizieren Sie mit Ihrem Kind, wie Sie es zu Hause tun." Nach circa 10 Minuten wiederholt die Versuchsleiterin die Anweisung, weil sie davon ausgeht, die Mutter habe sie zuvor nicht verstanden. Doch die Mutter entgegnet: „Ich weiß. Genau das habe ich getan." Wie dramatisch das für die Mutter selbst und in der Folge auch für diesen werdenden Menschen gewesen sein muss! Ähnliches hat wohl auch Erich erlebt. In unserer Arbeit konnte es nicht darum gehen, diesen alten Schmerz zu heilen. Aber wir verstanden, dass Resonanz, Anerkennung, Verbindung – mit einem Wort: Liebe – für ihn das höchste anzustrebende Gut war. Ein Elixier, für das er gerne bereit war, es mit einigen Drachen aufzunehmen. Er setzte seine Erkenntnis um, indem er fortan zu Beginn jedes Konzertes das Publikum zu einer gemeinsamen Handlung aufforderte (um seine Identität nicht preiszugeben, kann ich nicht im Detail sagen, um welche Handlung es sich handelte). So nahm er das Publikum nicht als anonyme Masse im Dunklen wahr, sondern stellte mit ihm eine Verbindung her. Er legte künftig auch größten Wert darauf, im Vorfeld der Einstudierung seiner Kompositionen mit den einzelnen Musikern und Musikerinnen ins Gespräch zu kommen – über Gemeinsamkeiten in der Biografie oder die Sicht auf das Werk.

Beispiel Irene, Cellistin

Irene stammte aus einer großen und sehr erfolgreichen Musikerfamilie. Wie das manchmal in Musikerfamilien so ist, werden die Instrumente nicht unbedingt zu allererst nach Vorlieben verteilt, sondern unter anderem danach bestimmt, was der Hausmusik zuträglich ist. Irene komplettierte mit dem Cello ein familiäres Streichquartett. Sie war weit überdurchschnittlich begabt und zudem ausgesprochen fleißig, und so öffneten sich ihr viele Türen für eine verheißungsvolle Karriere. Doch für Irene stellte sich das nicht als Segen dar: sie litt unter starkem Lampenfieber, es kamen Schmerzen beim Spielen hinzu. Dennoch musizierte sie zunächst unbeirrt weiter – sie gewann Wettbewerb um Wettbewerb und bekam schließlich Einladungen zu Probespielen bei renommierten Ensembles. Es kostete sie viele Jahre ihres Lebens herauszufinden, dass eine Chance, die für die meisten Musiker und Musikerinnen und auch für viele ihrer Familienmitglieder der größte Wunschtraum gewesen wäre, für sie bedeutete, auf das Wichtigste zu verzichten: Verbundenheit. Eine solistische Karriere auf dem klassischen Musikmarkt erfüllt viele Wünsche – der nach einem beständigen sozialen Leben und dem Aufbau einer eigenen Familie gehört nicht unbedingt dazu. Musiker und Musikerinnen wissen das und finden ihren eigenen besten Kompromiss für alle widerstreitenden Ziele. Irene musste erst die Lust auf das Leben – morgens aufzustehen und sich auf das zu freuen, was kommt – beinahe vollkommen abhandenkommen, damit sie akzeptieren konnte, dass der Antrieb ihrer Eltern, Geschwister, Cousins und Cousinen nicht ihr eigener war. Sie studierte Musik auf Lehramt und lebt heute mit ihrem Mann und ihren Kindern unweit von ihrem Elternhaus in einer mittelgroßen Stadt. Probleme mit dem Antrieb oder Schmerzen beim Spielen hat sie heute nicht mehr.

Macht
(bzw. die Vermeidung von Ohnmacht)

Mit dem Begriff Macht ist die Lust darauf gemeint, Führung zu übernehmen, Entscheidungen zu treffen, die Zügel für das eigene Geschick in den Händen zu halten. Freiheit steht als Grundbedürfnis im Vordergrund. Selbst gestalten zu können, setzt den Motor in Bewegung. Die Vorstellung wiederum, keinen Einfluss auf das eigene Schicksal nehmen zu können, in wichtigen Lebensbedingungen in Abhängigkeit von anderen und ohnmächtig zu sein, erstickt Eigeninitiative.

Beispiel Beate, Schauspielerin und Drehbuchautorin

Beate suchte mich auf, um ihre Beschäftigungssituation als Schauspielerin zu verbessern. Wir entwickelten eine Strategie, wie sie ihr Material erneuern und sich bei Bühne und Film bewerben könnte. Häufig bitte ich meine Klienten, mir nach zwei Wochen Rückmeldung zu geben, ob der theoretische Plan sich in der Praxis bewährt. Sie berichtete, dass es ihr nicht gelinge, sich zu den von uns als sinnvoll erachteten Schritten zu motivieren. Und so überprüften wir, ob der erwartete Aufwand und erhoffte Ertrag in einem guten Verhältnis standen. Schauspieler und Schauspielerinnen sind einem hohen Maß an Ohnmacht ausgesetzt bzw. müssen ein hohes Maß an Führung und mangelnder Einflussnahme ertragen. Das betrifft sowohl den Teil ihres Berufslebens, in dem sie sich um ein Engagement bemühen, als auch die Rollenarbeit selbst. Natürlich unterscheiden sich die Aufgaben hierin auch, aber wessen Hauptantrieb darin besteht, alle Entscheidungen in der eigenen Hand zu haben, der wird in diesem Beruf wahrscheinlich eher unglücklich. Wer sich hingegen gerne hingibt und auf Führung vertraut, muss weniger innere Konflikte überwinden. Für Beate stellte sich heraus, dass es ihr ein tiefes Anliegen war, frei über sich entscheiden zu können. Wie viel arbeite ich? Wann und wo? Woran? Mit wem? Kann ich meine eigenen künstlerischen Ideen einbringen? Erreiche ich mit Eigeninitiative mein Ziel? Der immense Aufwand, den es für sie bedeutet hätte, sich dafür auf dem Schauspiel-Markt neu aufzustellen, hätte ihr letztlich nicht gebracht, was sie ersehnte. Und so tat sie es folgerichtig auch nicht. Heute ist sie Drehbuchautorin. Auch dieser Beruf hält viele Herausforderungen bereit, aber sie stellt sich ihnen mit einer anderen Energie. Der Markt ist transparenter und mit einem hohen Maß an Eigeninitiative hat sie es geschafft, sich in einem Filmgenre, das ihr besonders liegt, zu etablieren. Sie entscheidet selbst, wie viele Aufträge sie in einem Jahr annimmt. Dabei ist sie frei in der Wahl ihrer Koautoren und -autorinnen, bestimmt ihre Arbeitszeiten und -orte selbst und realisiert eigene Ideen.

> **Beispiel Theo, Schauspieler**
>
> Theo begegnet dem Umstand, dass Ohnmacht Teil seines Berufes ist, er als Person aber gerne das Heft in der Hand hält, damit, dass er sich berufspolitisch engagiert. Schon immer übernahm er häufiger als andere Aufgaben für das gesamte Ensemble und stellte fest, dass ihm das nicht unfair erschien, sondern – im Gegenteil – seine allgemeine Motivation zur Arbeit erhöhte. Als wir Macht als seinen bevorzugten Grundantrieb identifiziert hatten, verstärkte er bewusst sein Engagement und übernahm letzten Endes eine Führungsposition in einem Theater, die er auch nach Jahren noch gerne ausfüllt.

Bedeutung

(bzw. die Vermeidung von Bedeutungslosigkeit)

Hier steht das menschliche Grundbedürfnis nach Selbstverwirklichung im Vordergrund. Inhalte und Nachhaltigkeit sowie die Einzigartigkeit des eigenen Beitrages sind wichtig. Ist das angestrebte Ziel subjektiv empfunden in der Welt von Belang, scheint der Antrieb, es zu erreichen, unerschöpflich zu sein. Bedeutungslosigkeit hingegen – symbolisiert z. B. durch Austauschbarkeit und Vergänglichkeit – entzieht die Motivation.

> **Beispiel Simon, Sänger und Schauspieler**
>
> Für einen Sänger und Schauspieler mit Tanzausbildung bietet sich auf den ersten Blick das Musical-Business als Arbeitsfeld an. Und so arbeitete auch Simon zum Zeitpunkt unserer Zusammenarbeit auf diesem Markt. Ein Musicaldarsteller muss ein gutes Vorsing- und Vorsprechrepertoire erarbeiten und sich damit kontinuierlich bei Auditions bewerben. Simon verstand die Welt nicht mehr: er, der eigentlich in der Lage war, diszipliniert und zielorientiert zu arbeiten, sabotierte sich selbst, indem er sich zu spät und mangelhaft vorbereitete. Damit gingen seine Chancen gegen null, Arbeit zu finden. Das wolle er ändern, sagte er mir. Wir sprachen

ausführlich über den Musicalbetrieb, was ihm daran gefiel und was nicht. Es zeigte sich, dass es vor allem die Austauschbarkeit war, die ihm zu schaffen machte. Warum eine Heldenreise antreten, jeden Tag wie ein Hochleistungssportler trainieren, sich dem ständigen Auswahlverfahren aussetzen, wenn als Elixier am Ende die *„11. Besetzung einer Rolle in einer Stage-Entertainment-Produktion winkt, bei der egal ist, wer das spielt, solange die Töne und Schritte und Sätze so nachgespielt werden, wie es vorgegeben ist?"*. Es passiert schnell, dass die eigene subjektive Einschätzung mit einer objektiven allgemeingültigen Bewertung verwechselt wird. Denn für andere ist die „11. Besetzung einer Rolle in einer Stage-Entertainment-Produktion" die Erfüllung aller Träume. Für ihn war es das nicht. Er identifizierte Bedeutung als seinen ersten Grundantrieb und wir bauten alle Marketingmaßnahmen darauf auf: die Fotos zeigten ihn nicht mehr als „Everybody's Darling", sondern als Charakterkopf, er wählte die Auditions sehr sorgfältig aus – diejenigen, die für ihn von inhaltlicher Bedeutung waren, bereitete er intensiv vor. Heute ist er nach wie vor im Musical tätig, allerdings hat er sich einen Namen für Charakterrollen und herausfordernde Gesangspartien gemacht. Da wir wussten, dass diese Ausrichtung auch existenzielle Risiken für ihn barg (weil er nur noch machen wollte, was seinen Grundantrieb auch abdeckte), suchte er sich ein weiteres Betätigungsfeld, das ihn in Krisenzeiten finanziell absichert.

Beispiel Rea, Tänzerin

Rea berichtete davon, dass ihr die Leidenschaft für ihren Beruf zunehmend fehle. Wir schauten auf ihren Arbeitsalltag und stellten fest, dass die Highlights dort zu finden waren, wo sie in besonderer Weise gefordert war wie z. B., wenn sie innerhalb kürzester Zeit ein schwieriges Solo von einer erkrankten Kollegin übernehmen musste. Oder wenn es während einer Vorstellung zu einer technischen oder sonstigen Panne kam und es von hoher Bedeutung war, ob sie dieses Problem gut lösen konnte. Oder wenn sie im Gestaltungsprozess nach ihrer Meinung gefragt wurde. Als sie für sich

> Bedeutung als stärksten Grundantrieb identifiziert hatte, veränderte das ihre Sicht darauf, in welcher Weise sie sich im Theaterbetrieb einbringen musste, um ihren ganz persönlichen Beitrag zu spüren. Heute studiert sie begleitend zu ihrer Tätigkeit als Tänzerin, um künftig auch als Choreografin ihre ganz persönliche Handschrift ausdrücken zu können.

> **Beispiel Aline, Schauspielerin**
> *„Jahrelang habe ich gedacht, dass ich unbedingt geliebt werden will. Vielleicht auch, weil uns Schauspielern das ja immer erzählt wird. Das stimmt gar nicht. Es ist mir tatsächlich egal, ob die mich lieben, wenn ich mit einer Rolle vor ein Publikum trete. Viel wichtiger ist es mir, dass sie sich danach an mich erinnern. Es entlastet mich total zu wissen, dass es die Inhalte und mein ganz persönlicher Beitrag sind, die mich antreiben. Das bringe ich viel mehr mit mir in Verbindung."*

Sieg
(bzw. die Vermeidung einer Niederlage)

Ein klares Ziel – der erste Platz, nicht der zweite – und ein direkter Weg dorthin lassen das Herz höherschlagen und mobilisieren Kräfte. Diese Energien können ebenso freigesetzt werden, um einer drohenden Niederlage zu entgehen. Unter Sieg als stärkster Antriebsquelle ist ein Sportsgeist zu verstehen, der nicht gegen andere gerichtet ist, sondern im Gegenteil interessante Gegner und Gegnerinnen braucht, um einen spannenden Wettkampf zu garantieren.

Beispiel: Dörthe, Regisseurin

In ihrem Fall war der Blick auf die Likes und Clicks auf Instagram ein willkommener Wettkampf: *„Diesen Monat will ich die 100.000er-Grenze knacken"*. Was für einen Menschen, für den der Bedeutungsgehalt seiner Handlungen im Vordergrund steht, eine qualvolle Herausforderung darstellt, weil es ihm schnelllebig und inhaltsleer erscheint, ließ sich für sie von leichter Hand erledigen und versüßte ihr als Spiel mit Wettkampfcharakter den Alltag.

Beispiel: Hanna, freie Autorin

Hanna arbeitete bei einem Lifestyle-Magazin und kam zu mir, weil sie ihre Präsentationen verbessern wollte. Schon im Vorfeld fehle ihr der Elan und so verschleppe sie die Vorbereitung. Dann sei sie blockiert und verängstigt, wenn sie ihre Ideen im Team vorstellen sollte. Wir stellten fest, dass sie die Motivation an der falschen Stelle suchte: im Inhalt des Magazins, deren Zielgruppe Teenager waren. Sie erwartete von sich, aus der Identifikation mit den Inhalten den Antrieb dafür zu ziehen, sich mit Begeisterung vorzubereiten und in den Teambesprechungen Aufmerksamkeit zu verschaffen. In einem ersten Schritt musste sie anerkennen, dass sie die Inhalte zutiefst langweilten. Für einen Menschen, dessen Hauptantrieb im Bedeutungsgehalt seiner Tätigkeit besteht, wäre dies ein unüberwindbares Hindernis gewesen. Nicht für Hanna, denn sie benannte Sieg als ihren favorisierten Antrieb. Wir suchten infolgedessen danach, wo es innerhalb ihrer Arbeit etwas zu gewinnen gab und wurden bei den Marktanteilen fündig. Hanna konnte sich sehr dafür begeistern, am Ende eines Quartals den höchsten Marktanteil erobert zu haben. Wenn sie darüber sprach, wie sich die Anteile entwickelt hatten, war es nicht mehr notwendig, mühsam um eine verbesserte Rhetorik und stimmliche Präsenz zu ringen – sie fühlte sich in ihrem Element. Sie suchte künftig bewusst nach Möglichkeiten, ihre Lust am Wettkampf mit ihrer beruflichen Tätigkeit zu verbinden. Und mit dieser veränderten Grundhaltung fiel es ihr leichter, ihre Ideen zu präsentieren und sich auch im Team durchzusetzen. Letztlich führte es dazu, dass sie das Magazin für ein anderes, internationales Medium verließ, in dem sie umgeben war von seelenverwandten Sparringspartnern und -partnerinnen.

Die Fallbeispiele zeigen, dass es nicht zielführend ist, uns selbst oder andere dafür abzuwerten, wie wir bzw. sie gestrickt sind. Abwertungen dieser Art führen nur dazu, dass wir dem Bild einer Persönlichkeit hinterherlaufen, das wir für sozial kompatibler, moralisch hochwertiger oder erfolgversprechender halten als unser wahres Selbst. Und uns dann wundern, warum das Leben so schwer ist. Denn gegen die eigene Natur anzugehen, kostet sehr viel Kraft. Keine Ausrichtung eines Charakters ist besser als eine andere. Das Ziel sollte eher darin bestehen, sich selbst so gut zu kennen, dass man möglichst im Einklang mit den eigenen Interessen und Werten lebt. Am Ende haben wir es so mit zufriedenen Menschen zu tun. Zufriedene Menschen sind in der Regel leistungsfähiger, großzügiger, toleranter, gesünder und friedlicher.

Tun Sie den ersten Schritt für Ihr Selbstmarketing, in dem Sie sich einen Moment Zeit nehmen und Ihren Grundantrieb identifizieren:

> **Übung Grundantrieb**
> - Malen Sie sich verschiedene Szenarien für jeden der Aspekte aus, in denen Sie jeweils über Liebe, Macht, Bedeutung oder Sieg verfügen bzw. darauf verzichten müssen.
> - Können Sie Unterschiede in der Intensität Ihrer Reaktion auf die imaginierte Situation feststellen?
> - Bringen Sie die vier Aspekte für sich in eine Rangfolge.
> - Nehmen Sie diese vorläufigen Erkenntnisse mit in Ihren Alltag und überprüfen Sie, ob sich Ihr Eindruck bestätigt.
> - Können Sie ein oder zwei Grundantriebe nachhaltig als Ihre bevorzugten identifizieren?
> - Womit lassen sich diese Bedürfnisse stillen?

Wie bereits erwähnt, gibt es neben dem Denkansatz der „frühen Bühne" weitere, um dem Ursprung Ihres Motors auf den Grund zu gehen. Ich möchte abschließend auf Abraham Maslows bekannte Bedürfnispyramide eingehen (Maslow 1943), die fünf menschliche Grundbedürfnisse benennt (deren Terminologie im deutschen Sprachraum variiert):

1. physiologische Grundbedürfnisse,
2. Sicherheit,
3. soziale Beziehungen,
4. Individualität/Autonomie und
5. Selbstverwirklichung.

Künstlerische Berufe bewegen sich vor allem in den Bereichen 4 und 5 – Kreative folgen vor allem dem Bedürfnis nach freiem, individuellem Ausdruck und Selbstverwirklichung. Es passiert nicht selten, dass die physiologischen Grundbedürfnisse, das Bedürfnis nach Sicherheit und sozialen Beziehungen dabei in den Hintergrund geraten. Das Konzept der ersten, zweiten und *dritten Person* trägt dieser Tatsache Rechnung und erinnert Sie daran, dass Sie neben dem Künstler-Ich auch ein Mensch bleiben, der versorgt werden muss. Denn die Prioritäten und damit die verfügbaren Kraftquellen können sich schnell ändern, wenn wir in eine Krise geraten. Beispielsweise erhielt ich in der Corona-Krise viele Schreiben wie das nachfolgende von Imogen, die darin beklagt, dass ihr der Antrieb zum Selbstmarketing fehle.

Hierzu sei bemerkt, dass alle in diesem Buch abgedruckten Fragen von Künstlern und Künstlerinnen und meine dazugehörigen Antworten bereits einmal im ca:stmag erschienen sind. Das Schauspielermagazin bietet seinen Lesern und Leserinnen mit meiner Kolumne seit 2008 eine anonyme Plattform für ihre persönlichen, berufsspezifischen Fragen.

Imogen, 37

„Ich schreibe Ihnen sozusagen als Anstoß für mich selbst, mich aus der Krise heraus zu holen. Ich muss Ihnen sicher nicht erklären, wie die Schauspielwelt gerade aussieht. Ich habe wie alle erst entspannt, dann gejammert und bin jetzt soweit, mich wieder aufzustellen. Natürlich lauert die Sinnfrage im Hintergrund, denn jetzt haben ja selbst die nichts zu tun, die vor Corona komplett sorgenfrei waren. Haben Sie einen Anstoß für mich, wie ich bei dem Ganzen die Kraft finden kann, mich um meinen Beruf zu kümmern?"

Alina Gause

Die schlechte Nachricht lautet: Die To-do-Liste für Sie als Schauspielerin hat sich durch die Krise nicht verändert: Sie sollen sich in Erinnerung rufen bei denen, die Sie besetzen könnten, Ihr Material aktualisieren und ggf. neues produzieren, Ihr Netzwerk pflegen und erweitern. Mir ist bewusst, dass diese Botschaft Ihren Motor kaum anspringen lässt. Aber es gibt auch eine gute Nachricht, die hilfreicher ist: der Leidensdruck in der Krise bewirkt, dass wir uns tiefer mit dem eigenen Weg auseinandersetzen. Zum Beispiel, wie wir Kraft tanken können. Und worin der Sinn des Ganzen zu finden ist. Um uns der Antwort darauf zu nähern, müssen wir über Drehtage, Castings, Showreels und Agenturen hinausdenken. Schauspieler und Schauspielerinnen starten ihren Weg in der Regel nicht, um reich und berühmt zu werden. Nicht einmal, um möglichst gut beschäftigt zu sein. Es ist vor allem der Wunsch nach kreativer Gestaltung und ein starker Ausdruckswille, der sie antreibt. Dabei stehen die Grundbedürfnisse nach Freiheit und Selbstverwirklichung im Vordergrund. Die anderen drei der insgesamt fünf Grundbedürfnisse des Menschen – Soziale Bindungen, Sicherheit und Gesundheit – sind dabei erst einmal nachrangig. Sie verschwinden aber nicht und melden sich gerne in Krisen zu Wort. Für Künstler und Künstlerinnen bedeutet das ein besonderes Spannungsfeld, denn damit stehen sich im ersten Moment scheinbar unvereinbare Ziele gegenüber. Nun könnte man sagen: „Na und? Mir geht's um Freiheit und Selbstverwirklichung und danach richte ich mich aus." Damit würden Sie allerdings an Ihrem Menschsein neben dem Künstlersein vorbei agieren. Und das rächt sich über kurz oder lang. Die Chance – sowohl für Sie als Mensch als auch für Ihre To-do-Liste als Schauspielerin – liegt darin, offen auf diesen Widerspruch zuzugehen und Bilanz zu ziehen: Welches dieser Bedürfnisse ist aktuell in Ihrem Leben in welchem Maß erfüllt bzw. überstrapaziert? Wie wirkt sich das auf Ihre Ressourcen und die „Sinnfrage" aus? Und welche neuen Ansätze für Ihre Lebensgestaltung ergeben sich für Sie daraus? Aus meiner Beratungstätigkeit weiß ich, dass sich für jede(n), der/die in der Kreativbranche tätig ist, diese Fragen im Verlauf des Lebens stellen. Die Krise bietet Ihnen an, es jetzt zu tun – auch wenn Sie von sich aus möglicherweise erst später an diesen Punkt gekommen wären. Jede Krise verlangt uns ab, gewohntes Terrain zu verlassen. Das kann einen schönen Nebeneffekt haben, denn Neues aktiviert auch unser Belohnungssystem. Mit dem Blick auf Ihr Bedürfnis nach Sicherheit, Gesundheit und sozialen Bindungen können Sie also sowohl für einen Energieschub als auch eine Aktualisierung Ihrer Antwort auf die Sinnfrage sorgen. Beides wird Ihnen helfen, die unveränderte To-do-Liste für Ihren Beruf mit neuem Elan anzugehen.

Das für Sie richtige Motivationsmodell kann je nach Lebensphase und Tagesform ein anderes sein. Selbstmarketing erfordert auf vielen Ebenen Ihren Einsatz – psychisch, physisch, finanziell, zeitlich, analytisch, kommunikativ, sozial, kreativ. Es kann nicht schaden, unterschiedliche Säulen für Ihren Antrieb zu identifizieren und gelegentlich aufzufrischen.

Nach dem Kraftwerk wenden wir uns nun dem passenden Lebensraum für Sie zu.

Wo ist mein Biotop? – Schluss mit „Wie muss ich sein?"

Ich nehme an, der Erwerb oder das Ausleihen dieses Buches ist für Sie mit dem guten Vorsatz verbunden gewesen, das Thema Selbstmarketing erstmalig oder erneut in die Hand zu nehmen? Gute Vorsätze sind etwas für Suchende und Ehrgeizige. Aber auch ein Zeichen von Optimismus. Und Idealismus. Gute Vorsätze gehören zum Jahreswechsel. Und ebenso zu einem kreativen Leben, das sich immer wieder ändert. Ob es neue Weichenstellungen, neue Entwicklungen, neue Ideen oder neue Herausforderungen, neue Fotos oder eine neue Website sind: Zum Thema gute Vorsätze haben Kreative Wertvolles beizutragen, weil sie Experten und Expertinnen für Neuanfänge sind. Letztlich sind gute Vorsätze nichts Anderes als neu gesetzte Ziele. In Phasen vollkommener Ratlosigkeit neuen Input aus sich selbst zu erschaffen, ist eine bemerkenswerte Leistung. Wenn man in die Sinnlosigkeits- und Endzeitstimmungsfalle tappt und der Kopf voll ist mit Fragen wie

- Was lohnt sich noch zu versuchen?
- Warum hat das nicht geklappt?

- Was mache ich falsch?
- Wem soll ich glauben?
- Wie lange kann ich das noch so machen?

Beeindruckend verlässlich springt der kreative Motor irgendwann wieder an und Künstler und Künstlerinnen legen erneut los. Angetrieben von einem geheimnisvollen Stoff, der ihnen eigen ist und noch zu oft klischeehaft erklärt wird:

- Die wollen doch nur geliebt werden.
- Da gab es immer einen Bruch irgendwo.
- Narzissten, die sich immer um sich selbst drehen.

Frei nach dem Postkarten-Motto „Hinfallen. Aufstehen. Krönchen richten. Weitermachen." begeistern sich Kreative wieder neu und realisieren Projekte, auf die scheinbar niemand gewartet hat. Gewinnen diese Produkte irgendwann Preise, lösen sie auf einmal Entzücken und Hochachtung aus. In meiner Beratungstätigkeit durfte ich immer wieder Zeugin dieses Perpetuum Mobiles werden und mich daran erfreuen. Umso bedauerlicher ist es, wenn die Frage- und Zweifelphase ein unerträgliches Maß erreicht. Für Künstlerseelen ist es von existenzieller Bedeutung, dass sie das Gefühl haben, richtig zu sein. Richtig für die Aufgabe, richtig für das Team, richtig als Mensch. Am richtigen Platz. Fühlen sie sich falsch, kommt der Motor zum Stillstand. Dann steht in riesigen Lettern auf ihrer Stirn: „Warum kann ich nicht anders sein? Ich bin für meinen Beruf eine Fehlkonstruktion."

Hierzu eine Geschichte. Ich hörte auf einem Kongress einen Vortrag von dem Arzt und Comedian Eckard von Hirschhausen. Thema des Kongresses waren nicht etwa kreative Berufe, sondern Potenzialentfaltung. Er berichtete davon, wie er einmal in einem norwegischen Zoo einen Pinguin ansah: *„Was für ein armes Würstchen! Pinguine – zu kleine Flügel, untersetzte Statur und irgendwie hat der Schöp-*

fer bei ihnen auch noch die Knie vergessen. Fehlkonstruktion. Klar." Er sah dem Pinguin zu, wie er ins Wasser sprang und sich wendig, elegant und außerordentlich effizient bewegte. *„Pinguine sind hervorragende Schwimmer. Mit der Energie aus einem Liter Benzin schwimmen sie 2000 km weit – das ist besser als alles, was Menschen je gebaut haben. Und ich dachte Fehlkonstruktion!"* Es ist die immer wieder auf neue Weise erzählte Geschichte des weißen Kreises auf weißem bzw. auf schwarzem Grund: Die Passung zwischen Individuum und Umgebung beeinflusst in entscheidendem Maße, wie kompetent, wie willkommen, wie richtig oder falsch wir uns fühlen bzw. von anderen beurteilt werden. Von Hirschhausen sagt: *„Wenn man als Pinguin geboren wurde, machen auch sieben Jahre Psychotherapie aus Dir keine Giraffe. Und wenn Sie immer denken ‚Ich müsste aber so sein wie die anderen', ein kleiner Trost: Andere gibt's schon genug. Alles was von uns gefordert ist, ist, uns zu kennen und zu gucken, ob ich dafür in der richtigen Umgebung bin. Und wenn ich Pinguin bin und in der Wüste mich aufhalte, dann liegt's nicht an mir, wenn's nicht flutscht."*

> Das für Sie richtige Biotop können Sie daran erkennen, dass Probleme sich in Luft auflösen.

Sänger und Sängerinnen, Musiker und Musikerinnen können das gut nachvollziehen, wenn sie an die Akustik eines Raumes denken. Hemmt, befördert oder verfärbt sie den Klang und die Ausbreitung der Schallwellen in einer Weise, die der Musik nicht zuträglich ist, sind sie machtlos. Befinden sie sich hingegen im richtigen Raum, entfalten sich die Töne auf einmal ohne Kraftanstrengung zum bestmöglichen Klang. Oder mal ganz profan: Jede Bekleidungsfirma folgt bestimmten Normen und Passformen. Manche entsprechen dem eigenen Körper mehr als andere. Und so kann es sein, dass Sie sich in einem Geschäft unabhängig vom Outfit als „Fehlkonstruktion" präsentieren, im Bekleidungsgeschäft nebenan hingegen als Model. Was wäre passiert, wenn nebenan kein Geschäft gewesen wäre? Je nachdem, wo Sie stehen, wird es Ihr Selbstbild erheblich beeinflussen.

Leila berichtet davon, wie es sich anfühlt, wenn man versucht, die fehlende Passung mit einem „falschen Ich" zu kompensieren:

Leila, 39

„Ich werde in einigen Monaten vierzig, was niemand außer meiner Familie und einigen engen Freunden weiß, denn in meiner Vita werde ich wie so viele andere (vor allem Kolleginnen) vielleicht erst vierzig werden, wenn ich fünfzig bin. Bisher habe ich das immer damit gerechtfertigt, dass man in diesem Business automatisch anfängt zu lügen. Aber so langsam wird es lächerlich, meinen Sie nicht auch?"

Alina Gause

Manchmal frage ich Klientinnen nach ihrem Alter und danach explizit noch einmal nach ihrem wahren Alter. Da ich unter Schweigepflicht stehe, nennen sie es mir (wahrscheinlich), aber erst nach einigem Zögern. Das Verrückte daran: es beginnt mit Mitte zwanzig und selbst die männlichen Kollegen sind davor nicht gefeit. Sie nennen es lächerlich, ich nenne es traurig. Denn künstlerische Arbeit dreht sich doch häufig um Wahrhaftigkeit und wie sollen Sie sich authentisch zeigen, wenn Sie Jahre Ihres Lebens verleugnen?

Ihre Frage berührt aber einen zentralen Aspekt, der Künstlern und Künstlerinnen auf der Suche nach Arbeit immer wieder begegnet: „Wie ehrlich darf ich sein? Soll ich auf die Frage ‚Was haben Sie denn in den letzten Jahren gemacht?' antworten: ‚Ich habe versucht, Projekte zu realisieren, die mich zufrieden stellen, von denen Sie wahrscheinlich nie gehört haben.' ‚Ich bin alleinerziehend. Möchten Sie wirklich etwas über meinen Alltag erfahren?' ‚Wenig bis nichts.' oder: ‚Krimidinner.'?"

Dahinter verbirgt sich die immer wiederkehrende Frage, in wie weit man sich vom Business definieren lässt. Ich bin zu der Erkenntnis gelangt, dass es sich bei der aktuellen Arbeitsmarktlage gar nicht lohnt, den sogenannten Gesetzen des Business zu folgen. Wer garantiert Ihnen heute noch Drehtage oder ein Festengagement oder überhaupt ein Vorsprechen oder Casting, weil Sie brav allen Vorgaben entsprochen haben? Niemand. Warum dann nicht konsequent den eigenen Weg gehen? Sie stehen am Anfang Ihrer zweiten Lebenshälfte. Genau der richtige Zeitpunkt dafür, die Weichen noch einmal neu zu stellen. Warum sind Sie damals in diesen Beruf gegangen? Welche Vorhaben möchten Sie noch realisieren? Woran könnten Sie noch wachsen?

Neulich sagte mir eine Schauspielerin, sie träume schon seit Jahren davon, ein Gesangsprogramm auf die Beine zu stellen. Daran hindern würde sie vor allem die Sorge, man könne über sie sagen: „Schon wieder eine Schauspielerin, die meint, jetzt auch noch singen zu müssen." Das könnte man beliebig ersetzen durch „Regie führen, ein Buch schreiben, studieren, ein karitatives Projekt promoten, unterrichten". Lassen Sie sich nicht aufhalten: Sorgen Sie dafür, dass die kommenden 40 Jahre lebendig gefüllt sind. Und stehen Sie nach außen dazu. Ich kann mir nicht vorstellen, dass Ihnen das beruflich schaden könnte. Im Gegenteil.

Die Sängerin Anastacia wurde innerhalb eines Jahres über zehn Jahre älter. Ich weiß nicht, ob das in einem Zusammenhang mit ihrer Krebserkrankung stand. Ich hoffe von Herzen, dass sie es einfach leid war, nicht sie selbst zu sein.

Ob Sie sich von äußeren Vorgaben definieren lassen oder die Umwelt passend zu Ihrer Persönlichkeit gestalten, wirkt sich unmittelbar auf Ihren Antrieb aus. Je mehr Sie innerhalb Ihres Ideal-Biotops agieren können, desto weniger Reibungsverlust müssen Sie ausgleichen und dementsprechend besser ist es um Ihr Kraftwerk bestellt.

Passung ist das Zauberwort. Investieren Sie dort, wo Sie „richtiger" sind als anderswo.

Mit folgender Übung machen Sie sich ein erstes Bild davon, wie ein Lebensraum aussieht, der Ihre Energien bündelt oder aber auszehrt.

Übung Lebensraum
1. Legen Sie auf einem Blatt Papier zwei Spalten an.
2. Auf der einen Seite sammeln Sie Stichpunkte dazu, was Sie motiviert, Ihnen Zuversicht vermittelt, Sie fördert, inspiriert, antreibt, anregt, ermutigt, positiv stimmt. Damit sind Situationen, Atmosphären, alle Art von Sinneseindrücken, aber auch Menschen, Gedanken und Handlungen gemeint. Privat und künstlerisch.
3. Auf der anderen Seite notieren Sie Einflüsse, die Sie hemmen, entmutigen, behindern, Ihnen Kraft entziehen, von sich wegführen.
4. Ergänzen Sie die Liste Stück für Stück, wenn Ihnen neue Aspekte einfallen.
5. Jetzt kommt der schwierige Part: Nehmen Sie ernst, was Sie notiert haben. Erhöhen Sie den Einfluss dessen, was Ihnen das Leben und Handeln erleichtert und verringern Sie die destruktiven Einflüsse. Selbstverständlich gibt es äußere Zwänge, die Ihnen auf dem Weg zum idealen Lebensraum im Weg stehen. Aus der Beratung weiß ich jedoch, dass in der Regel mehr Spielraum in der Gestaltung dessen zur Verfügung steht, als man zunächst annimmt.

In der Einleitung zu diesem Buch habe ich das Geheimnis gelungenen Selbstmarketings dann als gelüftet bezeichnet, wenn man dort, wo man sich anbietet, willkommen sei. Man könnte auch sagen: Suchen Sie nach der geeigneten Umwelt – nach dem Ort, an dem Sie sich automatisch ein bisschen „richtiger" fühlen als anderswo. Das hat aus zwei Gründen einen Nutzen für Sie: erstens ist die Wahrscheinlichkeit höher, dass Ihr Gegenüber auch empfindet, dass Sie gut dorthin passen und so werden Sie dort eher fündig werden in Bezug auf Ihr berufliches Fortkommen. Zweitens ruft das Gefühl, falsch zu sein an einem Ort, für eine Aufgabe, in einer Rolle, einem sozialen Gefüge ein anderes Thema auf, das für kreative Persönlichkeiten beim Thema Selbstmarketing vorherrschend und sehr hinderlich ist: Scham.

Scham – Ohne Würde keine Entfaltung

In meinem Buch „Kompass für Künstler" widme ich dem Thema Scham noch einen vergleichsweisen kurzen Absatz. Mittlerweile gehören Scham, die Abwehr von Scham und das Gegenteil von Scham – Würde – für mich zu den zentralen Themen in meiner Arbeit mit Kreativen und daher gehe ich in diesem Buch ausführlicher darauf ein. Scham beeinflusst, ob ein Künstler oder eine Künstlerin in der Lage sind, sich für die Arbeit zu öffnen. Aber noch stärker wird es beim Thema Selbstmarketing aufgerufen. Zwei Fragen stehen für mich dabei im Zentrum:

„Warum schämen sich Kreative so oft?"
„Warum ist das ein Tabu?"

Schon vor meinem Psychologiestudium, als ich ausschließlich als Künstlerin arbeitete, trieben mich diese beiden Fragen um. Aber zu diesem Zeitpunkt war ich selbst so von der Tabuisierung betroffen, dass ich mir kein Recht auf Schamgefühle zugestand und nur damit beschäftigt war, sie zu verhindern. Denn ich erwartete selbstverständlich von mir als professionell ausgebildeter Schauspielerin und Sängerin z. B., für eine Rolle eigene Grenzen auf Knopfdruck zu überwinden. Oder schlagfertig zu kontern, wenn das Ensemble sich mal auf meine Kosten amüsierte. Oder beim Hören einer misslungenen Aufnahme sachlich und nüchtern zu analysieren. Als Psychologin ging ich dem Thema dann nach und verstand, dass erst umgekehrt ein Schuh daraus werden kann: Jeder Mensch trägt Scham in sich. Künstler und Künstlerinnen sind Menschen, üben aber einen Beruf aus, der Schamgrenzen stark strapaziert. Daher sind sie in besonderer Weise aufgefordert, einen Umgang damit zu finden. Doch nicht nur sie selbst, sondern auch alle, die sie in der Arbeit führen. Bei der Beschäftigung mit den Quellen von Scham und den dadurch ausgelösten Abwehrreaktionen stieß ich auf ein Füllhorn von spannendem, erkenntnisreichem und nützlichem Material für das Verständnis und die Beratung von Kreativen. Ich bin heute der Überzeugung: Wenn Scham und Würde in künstlerischen Arbeitszusammenhängen ausreichend Berücksichtigung finden, kann man die meisten Komplikationen auf dem Weg zu guten Ergebnissen aus der Welt schaffen. Daher möchte ich das Thema im Folgenden vertiefen und Ihnen Anregungen dafür geben, wie Sie einen praktischen Nutzen daraus ziehen können.

Seit die amerikanische Psychologin und Forscherin Brene Brown über ihren Ted Talk und die Übersetzung ihrer Bücher über Verwundbarkeit einem breiteren Publikum bekannt ist, beschäftigen sich Menschen vermehrt mit der eigenen Scham und Verletzlichkeit. Brene Brown (2017) spricht davon, ob jemand es wagt, „in die Arena zu gehen" oder doch lieber im Schutz der Unsichtbarkeit verbleiben möchte. Künstlerinnen und Künstler können diese Wahl nicht treffen, weil ihr Beruf sie sozusagen in die Arena zwingt. Dennoch schaffen es viele, sich zurückzuziehen und fügen sich und ihrem Werdegang damit Schaden zu. Manchmal höre ich von Ratsuchenden den Satz: *„Ich möchte zu Ihnen kommen, weil ich mich bei*

Ihnen nicht schämen muss." Damit ist gemeint: für die Berufswahl, für die Biografie, für die Persönlichkeit, für die Pläne, Ideen, Visionen und Träume. Und das stimmt. In meinen Räumen wird nicht darüber diskutiert, ob es sinnvoll ist, ein Künstler oder eine Künstlerin zu sein oder kreative Ideen realisieren zu wollen. Manchmal reicht allein diese Tatsache aus, um Menschen aus der Erstarrung, die Scham in uns verursacht, zu lösen und ins Tun kommen zu lassen. George Bernhard Shaw schreibt: *„Wir schämen uns all dessen, was wirklich an uns ist; wir schämen uns unseretwegen, unserer Verwandten, unserer Einkommen, unserer Akzente, unserer Meinungen, unserer Erfahrungen, gerade so wie wir uns unserer nackten Haut schämen."* (1984). Für Kreative heißt das auch:

> Dort, wo es künstlerisch spannend wird, lauert die größte Scham.

Der Schamforscher Stephan Marks beschreibt Scham als einen Seismografen, der anzeigt, dass eines dieser vier Grundbedürfnisse verletzt wurde:

1. Anerkennung,
2. Schutz,
3. Zugehörigkeit und
4. Integrität.

Marks schreibt: *„Die vier Themen der Scham sind wie ein Mobile, das jeder Mensch in jeder Situation neu ausbalancieren muss. Die Würde eines Menschen zu achten, bedeutet damit – aus Sicht der Scham-Psychologie – ihm oder ihr ‚überflüssige', vermeidbare Scham ersparen: nicht zu beschämen. Das heißt, einen ‚Raum' zur Verfügung zu stellen, in dem er oder sie Anerkennung, Schutz, Zugehörigkeit und Integrität erfährt."* (2016b).

> Selbstmarketing und Schamgefühle hängen eng zusammen.

Als besonders kreativer Mensch haben Sie in der Regel eine lebendige Verbindung zu Ihrer Gefühlswelt – und so nehmen Sie auch Ihre Scham oder die anderer sehr bewusst war. Scham unterbricht den Kontakt zur Umwelt – und verhält sich damit gegenläufig zum Sinn von Marketing. Wenn Sie für sich selbst werben, müssen Sie sich zum einen maximal „outen", d. h. Ihren Schutzraum verlassen, um sichtbar zu werden. Damit sind Sie potenziell von Scham bedroht. Zum anderen bedeutet Selbstmarketing in erster Linie Kommunikation, die wiederum im Moment der Scham nicht möglich ist. Und zwar aus folgendem Grund: Im Normalfall wechseln sich unser Sympathikus (der für Leistung zuständige Teil des vegetativen Nervensystems) und unser Parasympathikus (der für Erholung zuständige Teil des vegetativen Nervensystems) in ihrer Aktivität ab. Im Moment der Beschämung jedoch wechseln sie in einen Modus, der eigentlich unmöglich ist: sie feuern gleichzeitig. Infolgedessen werden wir handlungsunfähig. Wir sind von Scham überflutet und können uns nicht mehr verständlich machen. Interessanterweise reicht schon die Beobachtung (innerhalb eines Radius von bis zu 30 Metern) dessen aus, um selbst beschämt zu sein. Es ließe sich also sagen: Scham ist – wie andere Gefühle übrigens auch – ansteckend. Man kann sich vorstellen, wie sich das in künstlerischen Arbeitszusammenhängen auswirkt, wenn ein Mitglied des Ensembles, Orchesters oder Teams z. B. einer (zu) harschen Kritik ausgesetzt oder mit einer anzüglichen Bemerkung vorgeführt wird. Aber auch, wenn Sie für ein Probespiel, einen Wettbewerb, ein Casting, ein Vorsprechen, eine Präsentation oder eine Audition vor eine Jury treten, ist es durchaus möglich, dass es gar nicht Ihre eigene Scham ist, die Sie spüren, sondern die Ihres Gegenübers, die sich auf Sie überträgt. Wenn es ganz böse kommt, spielen beide Seiten „Scham-Ping-Pong". Wie paradox – Sie sind dorthin gekommen, um sich besonders offen und kommunikativ in

Höchstform zu präsentieren, befinden sich aber in einem Zustand, der Ihnen das fast unmöglich macht. Ich gehe im Folgenden noch genauer auf die Abwehrreaktionen ein, die Schamgefühle aufrufen können. Nehmen Sie dieses Wissen mit in Ihren Alltag – auf alle drei Persönlichkeitsanteile bezogen. Ich bin sicher, dass Sie viele interessante Beobachtungen dazu machen können – bei sich und bei Ihren Mitmenschen.

Wollen Sie erfolgreich, d. h. authentisch, kontinuierlich und nachhaltig Selbstmarketing betreiben, kommen Sie nicht umhin, für ein ausbalanciertes Verhältnis von Schutz, Anerkennung, Zugehörigkeit und Integrität zu sorgen.

> Der Titel dieses Buches lautet „Anbieten ohne Anbiedern". Der Unterschied zwischen beiden Begriffen liegt im Grad der Würde.

Auf der Suche nach der idealen Umwelt können Sie den Grad der Passung zwischen Ihrer Persönlichkeit, Ihrem Arbeitsumfeld und dem Markt, den Sie bewerben möchten, einschätzen, indem Sie sich fragen, ob Ihnen dort alles geboten wird, was Sie für ein würdevolles Selbstmarketing brauchen. Oder um Eckart von Hirschhausen noch einmal zu bemühen: Was braucht der Pinguin in Ihnen, um sich nicht als Fehlkonstruktion zu fühlen?

Anerkennung
Anerkennung löst wie alle Wörter direkt Assoziationen in uns aus – gute wie schlechte. In diesem Zusammenhang ist damit weniger der Lob-Charakter gemeint, als der Aspekt des Wahrgenommen-Werdens. Gesehen werden und gehört werden. Man könnte sagen, es geht hierbei um die Anerkennung unserer Existenz, die sich schon darin zeigt, dass uns der Blick zugewandt oder ein Ohr geliehen wird.

Manchmal kann das wortwörtlich verstanden werden: eine Sängerin berichtete davon, wie sie während eines Vorsingens auf der Bühne stand, der Pianist zu spielen und sie zu singen begann. Im Zuschauerraum saßen der Regisseur, der musikalische Leiter, der Intendant und andere Anwesende und öffneten derweil geräuschvoll Kekspackungen, unterhielten sich, lachten und aßen. Anerkennung kann es nur geben, wenn Sie sichtbar sind und man Ihrer Anwesenheit überhaupt gewahr wird. Anerkennung steht insofern in einer direkten Beziehung zum Schutz.

Fragen Sie sich z. B.:

- Wird Ihnen zugehört?
- Erinnert man sich an Ihre Aussagen?
- Wendet man Ihnen den Blick zu?
- Bekommen Sie Feedback, das einen Bezug zu Ihrem Beitrag aufweist?
- Werden Veränderungen von Ihnen wahrgenommen?
- Kennt man Ihren Namen?
- Geht man auf besondere Gegebenheiten ein (dass Sie vielleicht kein Muttersprachler sind, aktuell eine Scheidung durchmachen, Kinder oder Höhenangst haben?)
- Was vermittelt Ihnen persönlich das Gefühl von Anerkennung bzw. wann fühlen Sie sich missachtet?

Schutz
Kreativität wird dort gefördert, wo ein Schutzraum besteht. Gerald Hüther, einer der führenden Wissenschaftler, was die Themen Lernen und Kreativität anbelangt, schreibt: *„Überall dort, wo versucht wird, vorhandene Ressourcen bis zum Letzten auszunutzen, wo Angst geschürt, Druck gemacht, genau vorgeschrieben und kontrolliert wird, wo Mitdenken nicht wertgeschätzt und Verantwortung nicht übertragen wird, werden die kreativen Potenziale der Mitarbeiter nicht nur*

übersehen. Sie werden unterdrückt." (2020). Ihre persönliche Kreativität ist also nicht nur etwas, auf das Sie warten müssen wie auf eine Muse, sondern sie wird durch unterschiedliche Umwelten unterschiedlich ermöglicht oder verhindert. Ein Klima, in dem Fehler verboten sind, erstickt Kreativität. Ähnlich wie in einem therapeutischen Rahmen die wirklichen Themen nur angesprochen werden, wenn Vertrauen und Schweigepflicht gegeben sind, öffnen sich Künstler und Künstlerinnen dort am besten, wo sie sich verlassen können auf diejenigen, die sie umgeben. Da sie Profis sind, öffnen sie sich auch dort, wo kein Schutz gegeben ist, doch unter großem zusätzlichem Energieaufwand, der langfristig nicht ohne Folgen bleibt.

Schutz kann von außen aber auch von innen gewährt werden. Schutz von außen ist dann gegeben, wenn Ihre physischen und psychischen Grenzen respektiert werden. Sie selbst können sich Schutz von innen verschaffen, indem Sie z. B. für eine gute Vorbereitung sorgen, je nach Situation moralische Verstärkung mitnehmen und selbst Ihre persönlichen Grenzen kennen, respektieren und verteidigen. Selbstmarketing zu betreiben bedeutet, sich aus dem schützenden Schatten hinaus in das Licht zu wagen. Damit man dort nicht von Schamgefühlen überrascht und behindert wird, ist es von Vorteil, sich dafür gut zu rüsten.

Wir befinden uns noch im ersten Kapitel und widmen uns der optimalen Grundhaltung dazu, für sich zu werben. Dazu gehört, dass Ihr Scham-Mobile gut ausbalanciert ist. Fragen Sie sich z. B.:

- Ist seitens Ihres Arbeitsumfeldes dafür gesorgt, dass Sie sich vorbereiten können, falls dies in Ihrem Genre zu Hause nicht möglich ist?
- Ist die Arbeitsleistung, die man von Ihnen erwartet, aus Ihrer Sicht angemessen und machbar?

- Bekommen Sie ausreichende Pausen?
- Sind Sie im Kollegium einer Meinung darüber, was eine Grenzverletzung ist?
- Kommt es innerhalb Ihrer Arbeit häufiger vor, dass Einzelne in unangenehmer Weise vorgeführt werden?
- Gibt es eine Feedbackkultur, die Ihnen liegt?
- Gibt es Anlaufstellen für den Fall einer Rechts- oder sonstigen Verletzung?
- Spüren Sie ein Bemühen, gute Voraussetzungen für kreative Arbeit zu schaffen?
- Was vermittelt Ihnen persönlich das Gefühl von Schutz bzw. von Grenzverletzung?

Zugehörigkeit

Die Gruppe gewährt Schutz und Orientierung, und das stärkt uns. Sei es die Familie, die Clique, die Nachbarschaft, die regionale Herkunft – wir wissen gern, wohin und zu wem wir gehören. Der Mensch, das Herdentier. Daher ist es manchmal gar nicht leicht für Künstlerinnen und Künstler, wenn sie sich von Umwelten trennen müssen, die eine klare Zugehörigkeit geboten haben. Ensembles, Casts, Kollektive können zu zweiten Familien werden oder ersetzen sie ganz. War das Engagement befristet und endet, können überraschend starke Verlust- und Trennungsgefühle aufkommen. Wenn das Bedürfnis nach Zugehörigkeit besonders strapaziert ist, erscheinen künstlerisch suboptimale Umwelten manchmal attraktiver, als sie tatsächlich sind. Bei langfristigen Verträgen kann das bedeuten, dass man die Veränderung scheut. Damit ist nicht der Fall gemeint, verschiedene Bedürfnisse gut abzuwägen und den bestmöglichen Kompromiss zu finden wie z. B. „Es ist mir wichtiger, eine Familie aufzubauen, also bleibe ich gerne dort, wo ich bin, obwohl ich rein künstlerisch lieber größere

Herausforderungen hätte". Manchmal werden aus dem Bedürfnis nach Zugehörigkeit heraus ungute berufliche Entscheidungen getroffen. Denn den eigenen Idealen zu folgen, birgt (neben der Unsicherheit) immer auch das Risiko der Einsamkeit. Zum Beispiel nein zu sagen, wenn sich Türen öffnen, die einem künstlerisch nicht entsprechen. Oder ja zu sagen, wenn es darum geht, sich einen Karrieresprung zuzutrauen. In beiden Fällen ist Integrität gefragt (worauf ich im Folgenden noch eingehe) und das Bedürfnis nach Zugehörigkeit muss dahinter zurückstehen. Um bei wichtigen Weichenstellungen davon unabhängig zu sein, kann man sich auf anderen Wegen Zugehörigkeit verschaffen.

Ich erinnere mich z. B. an eine Darstellerin, die nach dem Studium in die ersten Engagements ging und selbst davon überwältigt war, wie sehr sie unter Heimweh litt. Sie war verzweifelt, da sie wusste, dass längere Abwesenheiten vom Heimatort und häufige Reisetätigkeit für ihre Berufstätigkeit unvermeidbar wären. Sie liebte ihren Beruf, aber das Heimweh war so stark, dass sie davorstand, ihn aufzugeben. Wir besprachen Möglichkeiten, wie sie sich auf andere Weise ihrer Zugehörigkeit versichern könnte. Sie notierte, was in ihr das Gefühl von Zugehörigkeit stärkte und nahm die Liste ernst: Fortan sprach sie außerhalb der Arbeitszeit in ihrem Heimatdialekt und vereinbarte feste Telefonzeiten mit ihren engsten Freunden. Sie ließ sich „Care-Pakete" aus der Heimat schicken und erzählte vermehrt davon, woher sie kam und was sie dort vermisste (das hatte sie sich vorher nicht zugestanden). Sie verbesserte dadurch den Kontakt – und damit die Zugehörigkeit – zum Rest des Ensembles, und ihre Lebensqualität stieg. Parallel nahm sie ihre Heimatliebe zum Anlass, vermehrt Akquise an ihrem Wohnort zu betreiben, um häufiger auch dort arbeiten zu können.

Fragen Sie sich z. B.:

- Gibt es gemeinsame Werte?
- Teilen Sie denselben Humor?
- Sind Geburts- oder sonstige Festtage für alle von Bedeutung?
- Scheuen Sie außerhalb der Arbeit den Kontakt?
- Oder haben Sie umgekehrt das Gefühl, man scheut den Kontakt zu Ihnen?
- Würden Sie sagen, es geht dort, wo Sie sind, allgemein fair zu?
- Was vermittelt Ihnen persönlich das Gefühl von Zugehörigkeit bzw. von Ausgrenzung?
- Wann, wo, mit wem, wodurch fühlen Sie sich zu Hause?

Integrität
Es wäre einfach, den passenden Lebensraum für sich zu identifizieren, wenn es ausschließlich um Zugehörigkeit ginge und es den Aspekt der Integrität nicht gäbe. Aber so wie Schutz und Anerkennung in einem wechselseitigen Verhältnis zueinanderstehen, sind Integrität und Zugehörigkeit voneinander abhängig. Je mehr man sich zu einer Gruppierung bekennt, desto weniger kann man ggf. den ganz persönlichen Überzeugungen und Neigungen folgen. Der Druck, die eigenen Werte nicht zu verletzen, kann zur Loslösung aus einer Gruppe oder zum Ausschluss führen. Ein für Kunstschaffende bekanntes Spannungsfeld: Wie viel kann ich tolerieren, was nicht mit meinen Werten übereinstimmt, bis ich aus einer Produktion aussteige? Es hat keinen Sinn, Selbstmarketing zu betreiben, das den eigenen Werten widerspricht.

Fragen Sie sich:

- Haben Sie das Gefühl, sich verleugnen zu müssen in Ihrer Arbeit?
- Passiert es häufig, dass Sie schweigen, um nicht anzuecken?
- Bemerken Sie für Ihren Geschmack zu oft, dass Ihre Meinung nicht gefragt ist?
- Haben Sie das Gefühl, sich anpassen zu müssen in zentralen Fragen, um nicht ausgeschlossen zu werden?
- Wann empfinden Sie persönlich, dass Sie im Einklang mit Ihren wichtigsten Überzeugungen handeln können bzw. dass Ihre Werte verletzt werden?

Ich möchte noch einmal daran erinnern, warum diese Themen essenziell für Ihr Selbstmarketing sind: Der Umgang mit den eigenen Schamgefühlen entscheidet darüber, ob Ihr Plan, sich nach draußen zu wagen und anzubieten, erfolgversprechend oder zum Scheitern verurteilt ist. Das – wie Stephan Marks es nennt – „Scham-Mobile" aus Zugehörigkeit, Anerkennung, Schutz und Integrität gilt es gut auszubalancieren, um in die richtige Ausgangsposition für Ihr Selbstmarketing zu kommen. Denn Schamgefühle lösen Schamabwehrreaktionen aus. Und diese Abwehrreaktionen sabotieren Sie in Ihrem Anliegen, für sich zu werben. Sich zu schämen ist so unangenehm, dass sich Ihr Inneres nicht darum scheren wird, ob Sie die richtigen Bücher gelesen und alles gut geplant haben, nicht einmal, ob die berufliche Existenz davon abhängt: Beim ersten Anzeichen von Scham übernimmt Ihr „Reptilienhirn" und Sie laufen weg, verstecken sich oder rebellieren.

Schamabwehrreaktionen lassen sich in drei Gruppen zusammenfassen:

1. **Verstecken**
   Hierzu zählen z. B. emotionale Erstarrung, Einigeln, aber auch, sich hinter Masken – mimisch oder durch übertriebenes Makeup – zu verstecken.
2. **Angreifen**
   Das kann sich in der Beschämung und Verachtung anderer, in Zynismus, Schamlosigkeit, Negativismus, Arroganz, allen Formen von Aggression, Neid oder Trotz zeigen.
3. **Flucht**
   In Größenphantasien, Idealisierung, Perfektionismus, Albernheit, Sucht oder Rätselhaftigkeit. Oder schlicht wortwörtliche Flucht, also das Verlassen der beschämenden Situation.

Einer der Gründe, warum es so wichtig ist, dass Sie den für Sie richtigen Lebensraum finden oder sich gestalten, ist, dass er Ihnen die bestmöglichen Umstände bietet, Schamgefühle und damit auch die Abwehrreaktionen auf ein minimales Maß zu reduzieren. Finden Sie heraus, was das für Sie persönlich heißt. Was beschämt Sie? Gehen Sie auf Forschungsreise und analysieren Sie, wodurch es ausgelöst wird. War es in der konkreten Situation unvermeidbar oder wurde Ihre Scham unnötig provoziert? Haben Sie einen Teil davon schon von zu Hause mitgebracht? Schauen Sie sich auch einmal um: sicher erkennen Sie, wann Ihre Kollegen und Kolleginnen sich schämen und Abwehrreaktionen aktivieren. Vielleicht sitzen Sie gemeinsam im Warteraum eines Castings, Probespiels, Wettbewerbs, einer Audition oder Präsentation und ein Mitbewerber verwickelt sie ständig in Gespräche, um sich ein Gefühl der Zugehörigkeit zu verschaffen? Oder eine Mitbewerberin vermittelt in ihrem überheblichen Ausdruck ganz deutlich, dass aus ihrer Sicht Welten zwischen Ihnen liegen?

Julian, der mir schrieb, ist ein gutes Beispiel dafür, wie tückisch es sich auswirken kann, wenn die vier Aspekte des Mobiles zu kurz gekommen sind. Er sucht nach Zugehörigkeit, nach eigenen Werten und nach Anerkennung. Infolgedessen ist er häufig mit Scham und Schamabwehr in Form von Neid konfrontiert, wofür er sich dann noch zusätzlich schämt – ein leidvoller Kreislauf.

Julian, 32

„Ich muss leider ein schreckliches Statement über mich selbst abgeben: Ich bin vom Neid zerfressen. Und ich leide darunter. Es geht so weit, dass ich rot werde, wenn ich mit mehreren Kollegen zusammenstehe und ein Anderer gelobt wird. Ganz zu schweigen davon, wenn ich höre, dass jemand eine gute Agentur gefunden hat oder für ein tolles Projekt besetzt wurde. Preisverleihungen schaue ich mir nicht mehr an, weil ich danach tagelang schlechte Laune habe. Ich finde selbst, dass das eine armselige Haltung ist und möchte es ändern. Aber wie?"

Alina Gause

Da kommt bei Ihnen neben dem unangenehmen Gefühl des Neides noch eine ordentliche Portion Selbstanklage dazu – das kann niemand lange ertragen. Wenn wir Neid als einen variablen Prozess verstehen, der irgendwo seine Quelle hat, dann ansteigen, sich zu Missgunst entwickeln und am Ende bis zu dem Wunsch führen kann, anderen aktiv zu schaden, befinden Sie persönlich sich aktuell noch nicht einmal auf der Hälfte des potenziell möglichen Weges. Weiter werden Sie – das ist die gute Nachricht – auf diesem Pfad auch wahrscheinlich nicht kommen. Davor beschützt Sie offenbar eine natürliche Abwehrhaltung: Sie verstehen, dass der Neid vor allem Ihnen selbst schadet und wollen sich deshalb davon lösen. Wie es klingen würde, wenn Sie ihm freien Lauf ließen? *„Ist vielleicht einfach nicht so Dein Fach, die Rolle."*

"Ich kenne einen, der das Format gemacht hat, der bekommt jetzt kein Bein mehr auf den Boden." "Ich finde unmöglich, was XY neulich über Dich gesagt hat." "Aus Deiner Agentur fliehen ja gerade alle Guten." Und am Ende womöglich: *"Du hast es nicht von mir, aber ich glaube, er hat ein Alkoholproblem."* Klopfen Sie sich also ruhig mal kurz auf die Schulter, dass Sie dieses Verhalten nicht mit Ihrem Selbstbild in Einklang bringen können. Doch jetzt zu der Quelle Ihres Neides. Neid entsteht dort, wo ein wichtiger innerer Topf (zu) leer ist. Ihr Neid weist Sie also immer wieder darauf hin, dass Ihnen etwas fehlt. Worum wir Menschen andere beneiden, variiert von Epoche zu Epoche. Waren es früher Kinderreichtum und dann materielle Güter – so ist es heute eher ein erfülltes, soziales Leben. Oder ein anderes Gut, das der Neidforscher Rolf Haubl für ein besonders begehrtes unserer Zeit hält: Orientierung bzw. eine feste Ordnung im Leben. Das ist etwas, das der Schauspielberuf eher nicht bietet. Die wenigen Orientierungsgrößen, die wir dort haben, lauten z. B.: Agenturen, Verträge oder Preise. Es wundert mich also nicht, dass es genau diese Dinge sind, die Sie nennen. Um Ihre Neidgefühle auf ein erträgliches Maß zu reduzieren, könnten Sie versuchen, den „Orientierungstopf" aus eigener Kraft zu füllen. Versuchen Sie dafür festzustellen, an welchem Punkt Sie besonders orientierungslos sind: In der Ausrichtung Ihrer Karriere? In der Einschätzung Ihrer Fähigkeiten oder Ihrer Wirkung auf Andere? In Ihrer Rolle als Sich-Anbietendem? In Ihren allgemeinen Lebenszielen? Von allem etwas? Fragen Sie sich selbst, fragen Sie Freunde, Verwandte und ggf. auch Fachleute, die Orientierung in den Bereichen bieten, wo Sie sie brauchen. Daraus wird sich ergeben, wie Sie wieder mehr Ordnung und damit Halt und schließlich auch ein stabileres Selbstbewusstsein erreichen. Füllen Sie Ihren Selbstwerttopf mit Wissen über sich, Ihre Ziele und Ihre Mittel. Mit Eigeninitiative und Überzeugungen. Sie werden sehen: je voller Ihr Topf ist, desto leichter wird es Ihnen fallen, großzügig zu sein. Ein Gefühl, das Sie sicher mögen werden. Und sollten Sie doch einmal wieder jemanden heftig beneiden, denken Sie an Wilhelm Busch – *„Der Neid ist die aufrichtigste Form der Anerkennung"* – und gönnen Sie es Ihrem Konkurrenten.

Jonas beschreibt im Folgenden sehr anschaulich, wie Scham durch den Entzug von Zugehörigkeit ausgelöst wird. Das Fatale daran ist der sich selbst bestätigende Kreislauf, der dadurch ausgelöst wird.

Jonas, 33

„Ich drehe gerade für eine Serie und bin innerhalb von wenigen Tagen zum Idioten des Teams geworden. Ich kenne das von anderen Produktionen: irgendwen gab es immer, der zu blöd, zu langsam, zu steif oder zu untalentiert war. Jetzt soll ich das sein? Ich kann nur sagen: das bin ich. Ich kann mir meinen Text nicht merken, stehe immer jemandem im Weg, mache ständig Fehler. Und dann fängt der Teufelskreis an: Ich schäme mich, bekomme noch weniger auf die Reihe, schäme mich noch mehr und so weiter. Ich will da raus – wie schaffe ich das?"

Alina Gause

Scham ist ein weit verbreitetes und viel zu wenig gewürdigtes Phänomen unter kreativen Persönlichkeiten. Es ist bedauerlich, dass mit diesem Gefühl so wenig gearbeitet wird, da es viele Blockaden und Konflikte in künstlerischen Teams erklären kann. Offenbar wird Darstellern und Darstellerinnen der Anspruch darauf nicht zugestanden. Künstler und Künstlerinnen, vor allem darstellende – so meint man – müssen unverschämt sein, jederzeit willig und erfreut, sich zu entblößen. Tatsächlich sind sie aber ganz normale Menschen, die sich wie alle anderen schämen, wenn ihnen eines dieser vier Elemente entzogen wird: Anerkennung, Schutz, Zugehörigkeit oder Integrität. Sie sind der „Idiot des Teams"? Dann wurde Ihnen die Zugehörigkeit zur Gruppe entzogen. Die Anderen haben sich dafür ihrer eigenen Zugehörigkeit damit ein Stückchen mehr versichert. Sie blamieren sich jetzt mit jedem weiteren Fehler? Dann fehlt Ihnen Schutz. Wäre Ihnen im Moment einer Fehlleistung das Gefühl der Zugehörigkeit oder Schutz gewährt worden, wären sie nicht in den Teufelskreis geraten. Schämen wir uns, werden wir zwangsläufig zu Verlierern. Ich will Ihnen erklären warum: Im Moment der Scham kollabiert unser vegetatives System, weil sowohl Sympathikus als auch Parasympathikus feuern. Normalerweise wechseln sie sich ab – Ersterer kümmert sich um unsere Leistungsfähigkeit, Letzterer um die Erholungsphasen. Und nun weiß keiner von beiden, was gefragt ist. Die Folge: wir werden handlungsunfähig. Wir sind von Scham überflutet und können uns nicht mehr verständlich machen. Sie merken das gerade: die Handlungsunfähigkeit äußert sich in weiteren Peinlichkeiten und der Teufelskreis ist perfekt. Was Sie nun tun können, ist: zunächst einmal akzeptieren, dass die Scham – ähnlich wie Lampenfieber – nicht abgeschafft werden kann oder sollte, sondern dass es darum geht, sie in einem erträglichen Maß zu halten. Um das zu erreichen, sollten Sie dafür sorgen, dass die vier oben genannten Elemente gut ausbalanciert vorhanden sind. Sie fühlen sich schutzlos? Verschaffen Sie sich Schutz – vor, nach und auf dem Set z. B. durch Ruhe, Konzentration und Aufmunterung von wohlgesonnenen Menschen. Das reduziert die Fehlerquote. Zugehörigkeit und Anerkennung sind in diesem Fall schlechter selbst zu erwirken, werden aber folgen. An dieser Stelle sei eine Anmerkung erlaubt: Sie haben erwähnt, dass Sie aus früheren Produktionen andere „auserwählte Idioten" kennen? Jetzt werden Sie verstehen, dass so wie der König auch „der Idiot" sich nicht von selbst spielt, sondern die Gruppe dafür braucht. Vielleicht bedenken Sie das beim nächsten Mal, wenn Sie gerade aufatmen möchten, weil Sie auf „der sicheren Seite" sind.

Wir unterscheiden uns in unserer Kränkbarkeit. Wie schnell Scham in uns ausgelöst wird, hängt davon ab, wie oft wir erlebt haben, dass unsere Grenzen oder Werte verletzt, wir missachtet oder ausgestoßen wurden. Ist unser Maß grundsätzlich schon voll, können schon schwache Reize („Ich finde, die längeren Haare standen Dir besser.") eine Schamüberflutung auslösen. In diesem Fall bedarf es einer intensiveren Aufarbeitung dieser Erfahrungen, um sich dem kalten Wasser des Business auszusetzen. Denn die schlechte

Nachricht ist: um uns auf den Markt zu wagen und anzubieten, können wir ein gewisses Maß an Scham nicht vermeiden. Es ähnelt dem Lampenfieber, das es ebenso wenig abzuschaffen als vielmehr auf die richtige Temperatur einzustellen gilt. Eine gute Nachricht gibt es aber auch: die Beschäftigung mit diesem Thema wird Sie privat, künstlerisch und auch in Marketingbelangen voranbringen.

Den „Aua-Komplex" überwinden – Wohlfühlen ist Pflicht

Um für sich das richtige Biotop zu finden, muss man erst einmal für sich in Anspruch nehmen können, dass etwas angenehm und leicht sein darf. Dass das Ertragen von Schmerz und die Überwindung besonders schwieriger Hindernisse keine notwendige Voraussetzung dafür sind, sich als Künstler oder Künstlerin zu legitimieren.

> Es fällt Kreativen oft erstaunlich schwer, ihre Energie nicht dort zu investieren, wo Zurückweisung lauert, sondern dort, wo bereits geöffnete Türen noch weiter zu öffnen sind.

Nicht die Fans zu pflegen, sondern die schärfste Kritik widerlegen zu müssen. Als Pinguin nicht für Wasserwege zu sorgen, sondern die Wüste zu bereisen. Vielleicht kennen Sie das? Ich umschreibe diese unter vielen Kreativen verbreitete Haltung mit dem Begriff „Aua-Komplex" = „Erst wenn es wehtut, wenn es schwerfällt, kann es richtig sein." Das ist schädlicher Unsinn. Die Begegnung mit sich selbst und den eigenen Grenzen schmerzt schon genug.

Stattdessen brauchen Kunstschaffende ein wohliges und würdevolles Feld zur Entfaltung um sich, auf dem sie ihren eigenen Überzeugungen folgen und sich Stück für Stück befreien können. Dann laufen sie zur Höchstform auf.

> **Philipp, 30**
>
> *„Neulich ergab es sich, dass ich mit einem neuen Schauspielcoach gearbeitet habe. Ich fühlte mich durchweg wohl, hatte nie das Gefühl, auf meine Grenzen zurückgeworfen zu sein. Es war alles unkompliziert und reibungslos. Das Problem entstand erst hinterher, als ich skeptisch wurde: War ihr positives Feedback ehrlich oder schön gefärbt? Hat sie mich genug gefordert? Hat sie es sich und mir zu leicht gemacht? Ich überlege, ob ich das nächste Mal nicht wieder zu einem Coach gehe, der mich kritischer fordert. Ergibt das Sinn?"*

> **Alina Gause**
>
> Ich erlebe nicht selten, dass Kreative Wertschätzung eher dort suchen, wo es schwierig ist als dort, wo es ohne viel Reibung gelingt. Ich nenne das den „Aua-Komplex" – „Nur wenn es weh tut, ist es gut". Viele Künstlerinnen und Künstler können nicht glauben, dass das, was an ihnen interessant und künstlerisch am ergiebigsten ist, sie selbst sind. Das, was „einfach so" aus ihnen herauskommt. Stattdessen möchten sie etwas leisten, hart erarbeiten, dann erscheint ihnen eine Ernte angemessen verdient. Also lenken viele ihr Interesse dorthin, wo es Widerstände zu überwinden gibt: besonders gnadenlose Kritiker, das Familienmitglied, das am wenigsten an den Erfolg glaubt, Aufgaben, die außerhalb der Komfortzone liegen. Fans sind zwar willkommen, erscheinen aber als zweifelhafte Anerkennung und werden nicht ernst genommen. Es ist ein Paradoxon, das sie schwächt: Einerseits die Überzeugung „Wer wirklich gut ist, wird gefunden und umworben" bzw. wer nach Unterstützung (von Agenturen, Publikum, Financiers, Presse …) suchen muss, wird als talentlos entlarvt. Andererseits: „Diese Unterstützung kam zu reibungslos, das kann nichts wert sein. Ich

muss die überzeugen, die mich nicht wollen." Auf diese Weise wird zum einen zu wenig um Förderwillige geworben und zum anderen lässt man hilfreiche Angebote vorbeiziehen. Um das zu verhindern, sollte man Begeisterung, Zeit- und Arbeitsaufwand als ultimative Gütesiegel bei Karrierebegleitern und -begleiterinnen erkennen und schätzen lernen und diese Beziehungen hegen und pflegen. Manchmal öffnet sich ein Auge, ein Ohr oder ein Zeitfenster nur für einen Moment. Den gilt es durch das Wirrwarr von halbherzigen, unehrlichen, eiligen, oberflächlichen oder gar destruktiven Signalen hindurch zu erkennen. Schauen Sie sich einmal um: vielleicht ist die junge aufstrebende Agentin, die Ihnen seit einiger Zeit hinterherläuft, die interessantere Adresse als die etablierte Agentur, die Ihnen seit Monaten nicht antwortet? Vielleicht sind die zwölf Fans, die im Moment manchmal die einzigen Zuschauer einer Ihrer Vorstellungen sind, keine geschmacksverirrten Loser, sondern der Anfang von etwas? Vielleicht ist die Oma, die Ihnen gerade den Workshop in LA finanziert, nicht zu bemitleiden, sondern am Ende die, die Sie in Ihrer Dankesrede erwähnen? Und keine Sorge: Herausforderungen werden dadurch nicht verhindert – die sind in Ihrer Berufswahl so oder so inbegriffen. Sie sparen sich nur den Umweg, sich zu erklären und andere davon zu überzeugen, dass es sich lohnt, in Sie zu investieren. Sie verlassen die Nebenbaustellen und befassen sich direkt mit dem schwierigsten Kritiker, den Sie ohnehin nicht loswerden: sich selbst.

Theo, 28

„Eigentlich sollte ich mich nicht beschweren, da ich als Schauspieler von meinen Drehtagen leben kann. Trotzdem bin ich unzufrieden, weil ich weiß, dass viel mehr in mir steckt als das, was ich bei Castings zeige. In Workshops und Trainings höre ich immer wieder, ich sei blockiert und würde mein Potenzial nicht voll abrufen können. Ich bin es leid, deshalb unterschätzt und übersehen zu werden. Wie komme ich weiter?"

Alina Gause

Sie sprechen einen Aspekt an, der zu den häufigsten gehört, weswegen Kreative sich an mich wenden. Künstlerinnen und Künstler neigen dazu, bei unbefriedigenden Ergebnissen die eigene Person in Zweifel zu ziehen. Darin werden sie häufig von ihrer beruflichen Umwelt unterstützt: schnell ist von Blockaden die Rede, fehlender Hingabebereitschaft, „Verkopftheit" oder Verklemmungen. Das ist auch der Grund dafür, dass sie bereit sind, viel zu investieren, um diese vermeintlichen Inkompetenzen zu beseitigen. Damit setzen Kreative aber manchmal einen kontraproduktiven Kreislauf in Gang: sie suchen Angebote auf, um besser zu werden. Die wiederum bauen darauf auf, positive Veränderungen bewirken zu wollen, was voraussetzt, dass vorher etwas als suboptimal identifiziert wird. Im günstigen Fall wird eine befriedigende Entwicklung erreicht. Ebenso ist es aber möglich, dass ein Problem bearbeitet wird, das gar keines ist – jedenfalls kein vordringliches. Die Betreffenden stürzen sich nun aber in der Gewissheit, dem Kern ihres Mangels näher zu kommen, in die nächste Maßnahme usw. Auf diese Weise schwächen sie ihre wichtigste und zugleich fragilste Ressource: ihr Selbstbewusstsein. Ein Klient sagte einmal treffend zu mir: *„Wie gut muss ich eigentlich noch werden?"*.

Meiner Erfahrung nach sind es überwiegend andere Hürden als die Beherrschung neuer Techniken, die Künstlerinnen und Künstler überwinden müssen, um ihr Potenzial voll abrufen zu können, von denen ich nur die wichtigsten nennen möchte: Lampenfieber, Unterforderung, künstlerische Differenzen und eine ungute Arbeitsatmosphäre. Nick Nolte sagte einmal auf die Frage, welchen Rat er der jungen Schauspielergeneration mitgeben würde: *„Hockt nicht in Schauspielklassen rum, nicht als geduldige Statisten, sondern spielt, in welchem Medium ist völlig egal … Man stirbt zig Tode, bevor man die Bühne betritt. Aber dann feierst Du Auferstehung … Es ist eine herrliche Kunstform, dieses Kreisen um den Kern eines Stücks, dieses Rotieren um eine Rolle, an der man Tag und Nacht arbeitet. Manchmal wache ich nachts auf und denke: Oh, das war ja phantastisch! Genau so werde ich's machen! Und tags darauf probiere ich's – und falle meist voll damit durch. Wo erlaubt man mir das sonst noch im Leben?"* (SZ vom 22.03.2012).

In diesem Sinne: Suchen Sie sich Aufgaben, die Sie so ernst nehmen, dass Sie dafür brennen möchten, umgeben Sie sich mit Menschen, die Sie zu Höchstleistungen motivieren und stellen Sie Ihr Lampenfieber auf die richtige Temperatur ein. Dann stehen die Chancen sehr gut, dass Sie nicht übersehen werden.

Möglicherweise hatten Sie beim Lesen den Gedanken: „Das richtige Biotop – wenn das so einfach wäre! Ich würde ja sofort hineinspringen, aber man lässt mich nicht!". Doch, man lässt Sie. Aber dafür müssen Sie erkennbar sein – Sie müssen in Stil, Ausrichtung, Haltung, Einsatz und Kompetenzen dem entsprechen, was dort gesucht wird, wo Sie gerne Mitglied wären. Wenn Sie im Dirndl vor dem Metal-Club stehen, ist es möglich, dass man Ihnen die Zugehörigkeit abspricht. Es wird nicht reichen, dass Sie sagen, Sie hätten einfach schnell gegriffen, was im Schrank hing – die Nietenhosen wären gerade in der Reinigung und der schwarze Kajalstift sei auch zufällig gerade ausgegangen. Es ist mir bewusst, wie schwer Zugänge im künstlerischen Metier erreicht werden. Sie werden von Wächtern gehütet, die stolz darauf sind, jede Verkleidung zu entlarven und ihren Club exklusiv halten möchten. Das ist nur dann unfair, wenn es auf Inkompetenz, einem blinden Wahrheitsanspruch oder Machtgelüsten beruht. In vielen Fällen entspringt es aber einer echten Liebe zu dem eigenen Metier. Wer viele Jahre Blut, Schweiß und Tränen in seine Kunst investiert hat, überprüft gründlich, ob jemand, der sich um einen Zugang bemüht, die richtige Betriebstemperatur dafür mitbringt. Wenn Casterinnen, Galeristen, Regisseurinnen, musikalische Leiter oder Agenturen hundertfach Bewerbungsmaterial sichten, entwickeln sie einen guten Blick dafür, wer eine Massenmail verfasst, Fotos mit einer nicht aktuellen Haarlänge oder ungeklebte Noten für ausreichend hält und wer nicht. Kunstschaffende empfinden sich häufig als ewige Bittsteller und wollen in jedem Fall vermeiden, einen bettelnden Eindruck zu vermitteln. Dabei übersehen sie, dass sie sich mit jedem Ton, den sie üben, jeder Reise, die sie auf sich nehmen, jeder Investition in ein hervorragendes Ergebnis auch ein Recht der Zugehörigkeit erwerben.

> Zeigen Sie Ihrem Club, dass Sie dazugehören.

Zeigen Sie, dass man sich auf Sie verlassen kann, dass man Ihnen eine Rolle, Partie, Ausstellung, Präsentation, Inszenierung anvertrauen kann. Zeigen Sie, welchen Einsatz Sie bis hierhin geleistet haben und wozu Sie in der Zukunft noch bereit sind. Nehmen Sie sich ernst in Ihrem Anliegen und man wird Sie ernst nehmen. Als Künstler oder Künstlerin gelingt Ihnen das wahrscheinlich längst. Nur im Selbstmarketing vielleicht noch nicht mit der gleichen Überzeugung? Diese Aufgabe sollten Sie nicht Ihrem Kreativ-Ich abverlangen. Das übernimmt ab jetzt Ihre *dritte Person.*

Hilfe naht – Entdecken Sie Ihre *dritte Person*

Erstmalig habe ich über mein „Konzept der drei Persönlichkeitsanteile Kreativer" in meinem Buch *„Kompass für Künstler"* geschrieben. Ich sehe darin ein sinnvolles Denkmodell für Kreative, um ihre verschiedenen Persönlichkeitsanteile effizienter und nachhaltiger für eine zufriedenstellende Lebensgestaltung einzusetzen. Ich war nicht überrascht, dass es von allen beschriebenen Konzepten am meisten Interesse auslöste. Ich habe das als Zeichen dafür interpretiert, wie sehr das Thema Selbstmarketing kreative Persönlichkeiten belastet und wie dankbar sie zudem Ansätze aufnehmen, die sie als Gesamtpersönlichkeiten abbilden und bei denen der künstlerische Aspekt nicht übersehen wird.

> Die erste, die zweite und die *dritte Person* – keine multiple Persönlichkeitsstörung, sondern das Dream-Team kreativer Persönlichkeiten.

Der Künstlerberuf unterscheidet sich von den meisten anderen Berufen in der Schnittmenge des persönlichen mit dem beruflichen Raum: Wo endet die Freizeit und beginnt die Arbeit? Ist es möglich, Ablehnung nicht persönlich zu nehmen, wenn ausschließlich die eigene Person bewertet wird? Künstlerische Ensembles werden oft als Familie empfunden, Inhalte der Arbeit müssen persönlich bedeutsam sein. Nicht singen, spielen, zeichnen, entwerfen, malen, gestalten, schreiben, sich ausdrücken bedeutet für viele Künstlerinnen und Künstler, sich nicht lebendig zu fühlen. Die dichte Verbindung von Person und beruflicher Tätigkeit hat viele Vorteile: Hobbys kann man sich sparen, die Arbeit macht Spaß, man kann gar nicht genug davon bekommen, sie bleibt ein Leben lang erhalten und vieles mehr. Gibt es jedoch ein Problem oder möchte man etwas verändern oder verbessern, löst es umgekehrt auch gleich einen Flächenbrand aus. Alle Stärken und Schwächen, Schwierigkeiten und Erfolge sind in einem Topf. Das macht es unübersichtlich und führt dazu, dass man im Falle einer Unzufriedenheit nicht genau bestimmen kann, wodurch sie verursacht wird. Um hier einen besseren Überblick zu schaffen, gezielter Lösungsansätze zu formulieren und nichts zu übersehen, habe ich den Rahmen der drei Persönlichkeitsanteile geschaffen, die in Bezug auf ihre unterschiedlichen Bedürfnisse, aber auch mit spezifischen Haltungen und Aufgaben versorgt werden müssen.

Die erste Person

In ihr sind alle Persönlichkeitsmerkmale, Bedürfnisse, Lebensumstände, Vorlieben, Interessen, Fähigkeiten, wunde Punkte und Erfahrungen vereint, die Ihre Privatperson betreffen. Ihr Familienstand, Ihre Herkunft, Ihre aktuelle Lebensrealität, aber auch Ihre Essens- und Urlaubsvorlieben, ob Sie Tiere mögen, gerne Briefmarken sammeln oder Topflappen häkeln.

Die erste Person kommt zurecht. Selbst wenn sie nicht zurechtkommt, geschieht dies als lebendige Folge einer Situation, einer Phase oder eines Geschehnisses. Es geht ihr nicht gut, wenn sie belastet ist, sie ist genervt davon, wenn ihr etwas nicht gelingt, sie mag auch mal übermüdet sein, neben sich stehen oder ratlos sein, wie etwas einzuordnen ist. Aber all das ist ein Teil von ihr und damit authentisch. Ihr Verhalten ist ein Spiegel ihrer Persönlichkeit – das mag nicht immer angenehm für sie und ihre Umwelt sein, aber die Privatperson besteht aus unendlich vielen Farbnuancen und mit jedem weiteren Jahr Lebenserfahrung lernt sie diese Facetten besser kennen. Zum Zeitpunkt des Eintritts in die Berufsausbildung oder das Berufsleben ist sie schon viele Jahre mit sich unterwegs gewesen. Das dabei entstandene Erfahrungswissen steht ihr zur Verfügung.

Die zweite Person
Sie wird in dem Augenblick aktiviert, wenn Sie Ihre Kunst ausüben. Es ist nicht entscheidend, wo das der Fall ist – ob in der Werkstatt, im Wohnzimmer, auf der Bühne, im Studio, im Atelier oder in der Natur. Aber es ist wichtig, dass es nur die Momente betrifft, in denen Sie in die künstlerische Tätigkeit eintauchen. Das ist insofern von Bedeutung, als die zweite Person sich währenddessen in einem außergewöhnlichen Bewusstseinszustand befindet. Das hat sogar eine juristische Komponente – es ist möglich, dass einem Künstler oder einer Künstlerin kurz vor oder kurz nach einem Auftritt zugebilligt wird, dass er bzw. sie nicht in vollem Umfang für seine bzw. ihre Taten verantwortlich gemacht werden kann. Vertieft in die Tätigkeit, verlieren Sie Ihr Zeitgefühl, es entstehen kein Hunger, kein Durst und kein Schmerz. Sie sind konzentriert, angespannt und entspannt zugleich (in meinem Buch „Warum Künstler die glücklicheren Menschen sein könnten" gehe ich ausführlich auf dieses von Mihaly Csikszentmihalyi beschriebene „Flow-Erleben" ein). Eine weitere Besonderheit dieses kreativen Zustandes besteht in seinem nährenden Aspekt. Die zweite Person ist in der Lage, dem Gesamttrio aus erster, zweiter und *dritter Person* Energie zuzuführen.

Auch die zweite Person – Ihr kreatives Ich – kommt zurecht. Sie zeichnet, singt, spielt, erfindet, fotografiert, lernt Texte, probt, entwirft, gestaltet, präsentiert. Auch das kann besser und schlechter gelingen, aber sie arbeitet zielgerichtet aufgrund vorhandener Kompetenzen. Passieren Fehler oder wird ihre Arbeit nicht geschätzt, ist die Verzweiflung groß, aber nachvollziehbar und mit prallem Leben gefüllt. Auch sie ist kongruent mit der Situation. Sie beschäftigt sich intensiv damit, Anforderungen einschätzen und gerecht werden zu können und baut durch jede Erfahrung ihren Wissenspool weiter aus. Daher freut sie sich über jede Bewährungsprobe. Die zweite Person ist in der Regel die, die am liebsten gelebt wird.

Die dritte Person

Die *dritte Person* nun taucht in Situationen auf, die weder Ihrer Privatperson noch Ihnen im Moment der Ausübung einer kreativen Tätigkeit zugeordnet werden können. Typische Beispiele dafür sind der Brunch der Agentur, das Vorzimmer eines Castings oder einer Audition, Premierenfeiern, private Feiern mit beruflich interessanten Personen, das kurze Gespräch mit dem Regisseur oder der Regisseurin, der oder die vor Drehbeginn um ein Kennenlernen bittet, Messen, Alumni-Treffen oder zufällige Begegnungen mit potenziellen Arbeitgebern und Arbeitgeberinnen.

In der Regel ist die *dritte Person* das schwarze Schaf des Trios. Schemenhaft angelegt und wenig sozial kompetent. Sie fühlt sich, als ginge sie auf Eiern oder auf dünnem Eis. Sie verfügt über wenig Selbstreflektion und bewertet meist einseitig negativ. Sie sitzt am liebsten zu Hause, wo sie niemandem begegnen und nichts tun muss. Das wäre auch kein Problem, wenn die *dritte Person* nicht Ihr einziger Kommunikator im Business wäre.

> Arbeitgeber und Arbeitgeberinnen sprechen ausschließlich mit Ihrer *dritten Person*.

Die Privatperson existiert nur in privaten Kontexten und die Bühnenperson kann gar nicht sprechen (wie z. B. in der Bildenden Kunst oder im Bereich Wort und Grafik) bzw. nur professionell (wie z. B. im Bereich Schauspiel oder Moderation). Die *dritte Person* ist die Ansprechpartnerin. Bezogen auf das Thema dieses Buches könnte man auch sagen: Ihre *dritte Person* ist diejenige, die für Ihr Selbstmarketing zuständig ist.

Das Konzept der drei Persönlichkeitsanteile entstand aus einer Beobachtung, für die ich einen Namen suchte. Kreative verfügen in der Regel über ein reiches Innenleben voller Gefühle, Überzeugungen, Visionen, Ideen und Pläne. Das macht sie zu spannenden Gesprächspartnern und -partnerinnen, die durch ihr Charisma, ihre Leidenschaft, ihr Temperament, ihre Begeisterungsfähigkeit und ihr unkonventionelles Denken andere Menschen für sich einnehmen können. Umso erstaunlicher ist es, sie in Sekundenschnelle eine Metamorphose durchleben zu sehen, wenn sie aufgefordert werden, für sich selbst zu werben. Auf einmal erscheint es, als hätten sie Schwierigkeiten damit, ihren Armen eine passende Aufgabe zu geben, zusammenhängende Sätze ohne „irgendwie" zu formulieren oder einfach nur freundlich zu sein. Man könnte meinen, sie kennen sich kaum auf ihrem Gebiet aus und ihr Erinnerungsvermögen lässt zu wünschen übrig. Manche *dritte Person* hinterlässt den Eindruck, als wäre das letzte, was sie interessieren würde, in ihrem Beruf zu arbeiten. Nun ist es eine Sache, im Job des Werbers zu versagen. Eine andere jedoch, wenn man sich – wie es die *dritte Person* in den meisten Fällen tut – auch noch von einer charakterlich besonders üblen Seite zeigt. Und z. B. auf die zweite Person (das Künstler-Ich) einredet:

„Du hast schon gesehen, dass sie sich auf diesem Parkett wesentlich besser bewegt als Du, oder?"
„Alles, was er anfasst, ist erfolgreich. Kann man von Dir ja nun nicht gerade behaupten …"
„Lange nichts von Dir gehört … Gibt's Dich eigentlich überhaupt noch oder kann ich in Rente gehen?"
„Ist nicht Dein Ernst, dass ich diesen Kram anbieten soll, oder? Ich mache mich doch Deinetwegen nicht zum Gespött. Produzier erst einmal was Anständiges, bevor Du mich da rausschickst."
„Phantasieloses, zusammenhangloses Gefasel."
„Wie wäre es mit einem Medizin-Studium?"
„Deine Eltern hatten Recht."
„Du bist so gewöhnlich."
„Du willst Dich ernsthaft mit den anderen auf dem Markt messen?"

In diesem schlechtesten Fall sabotiert die *dritte Person* das ganze Trio. Im besten Fall – und den streben wir an – managt die *dritte Person* Ihre drei Persönlichkeitsanteile, wie man es sich wünscht: Sie pflegt die drei „Pferdchen", so gut sie kann, um sie im richtigen Moment zu Höchstleistungen motivieren zu können. Sie sorgt dafür, dass es realistische und ergiebige Arbeits- und Erholungseinheiten für jeden Persönlichkeitsanteil gibt. Dafür braucht es To-do-Listen und Not-to-do-Listen, Ziele, Trainings und immer wieder ganz viel Zuspruch. Wenn sie ihren Job richtig gut macht, behält die *dritte Person* den langen Bogen im Blick und verfolgt eine nachhaltige Karriere. Deshalb sorgt sie dafür, dass keiner der drei Bereiche zu lange zu kurz kommt: weder das Privatleben, noch die Kunst oder das Marketing.

Hilfe naht – Entdecken Sie Ihre *dritte Person*

Die Lebenssituation von Dennis veranschaulicht, wie wichtig es ist, dass erste, zweite und *dritte Person* nicht gegeneinander arbeiten, sondern an einem Strang ziehen.

Dennis, 26

„Ich bin schwul. Das wissen aber nur meine beiden engsten Freunde. Wenn ich direkt gefragt werde, lüge ich. Weil ich überzeugt davon bin, dass es mir als Schauspieler schadet. Aber ist das so? Es nicht zu zeigen, ist ein hoher Preis, weil ich mich so nie richtig lebendig fühle. Kennen Sie andere, denen es ähnlich geht? Was würden Sie an meiner Stelle tun?"

Alina Gause

Ja, leider kenne ich andere, denen es ähnlich geht. Viele meinen, das Künstlermetier sei ein Ort, an dem niemand besorgt darum sein müsse, seine sexuelle Orientierung offen zu leben. Das stimmt nicht. Schauspieler und Schauspielerinnen müssen mit persönlichen Informationen (Alter, Erkrankungen, Familienstand) vorsichtig sein, weil sie wissen, dass sie auch als Projektionsfläche gebucht werden und persönliche Informationen Assoziationen auslösen. Sie fragen sich also: traut man mir den heterosexuellen Liebhaber dann noch zu? Wird mein Rollenprofil damit so eingegrenzt, dass es für mich auf dem ohnehin engen Arbeitsmarkt keine Angebote gibt? Ich werde Ihnen darauf keine klare Antwort geben können – eher eine Entscheidungshilfe.

Ich sehe bei Kreativen eine Dreiteilung: es gibt Sie als Privatperson, dann als Bühnenperson und schließlich noch als *dritte Person*, die auftaucht, wenn eine Situation nicht klar dem beruflichen oder privaten Kontext zuzuordnen ist (wie z. B. im Vorzimmer eines Castings oder beim Brunch der Agentur). Jede dieser Personen hat eine andere Meinung zu Ihrer Frage. Die Bühnenperson hat kein Interesse an einem Outing, sie spielt die Rollen, die man ihr gibt und möchte sich so wenig beschränken lassen wie möglich. Wie sieht es mit der Privatperson aus? Sie möchte offen schwul leben und findet den „Preis zu hoch". Die *dritte Person* hat mir geschrieben. Sie ist diejenige, die zwischen den beiden anderen vermittelt und Sie nach außen repräsentiert. Sie muss entscheiden. Und da die *dritte Person* in der Regel die unsicherste in diesem Trio ist, müssen wir sie für diese Entscheidung stärken. Der Caster-Ausspruch, den ich einmal hörte – „In dem Moment, wo Ihr die Wohnung verlasst, seid Ihr nicht mehr privat." – ist zwar nachvollziehbar und dennoch: denkt man den Gedanken zu Ende, ist es ungesund. Es engt die Betreffenden zu sehr ein in einem Bereich, der die Quelle für ihr künstlerisches Schaffen ist und lässt sie zu Marionetten des Business verkümmern.

Mit Ihrer Frage ist es ähnlich: wo soll es letztlich hinführen, wenn Sie sich verleugnen? Ihre Privatperson ist es, die sich verliebt, mal krank ist, Lakritze mag oder nicht, Erfahrungen sammelt und Überzeugungen entwickelt. Das macht sie aus und daraus speist sie Ihre Bühnenperson. Ihre *dritte Person* muss nach dem Ausschlussverfahren entscheiden: ‚Ich weiß nicht, welche Konsequenzen es haben wird, wenn ich mich oute. Ich weiß aber, welche es haben wird, wenn ich es nicht tue. Kann ich damit leben?' Vielleicht versperrt Ihnen ein Outing nicht nur Wege (wenn überhaupt), sondern eröffnet Ihnen neue? Die Bühnenperson, die Privatperson und die *dritte Person* sind gemeinsam sehr stark. Kreative sollten diese Quelle besser nutzen – in Ihrem Fall für eine klare Haltung: „Ich bin Schauspieler – und das ist gut so."

Alles, was Sie bisher gelesen haben, war also letztlich an Ihre *dritte Person* gerichtet.

Die *dritte Person* ist es, die wir mit diesem Buch entdecken, der wir den Rücken stärken und die verantwortungsvolle Aufgabe Ihres Selbstmarketings übertragen möchten, um

Ihr Künstler-Ich damit zu verschonen. Dabei ist es vollkommen unerheblich, ob Ihre *dritte Person* dafür talentiert oder vorgebildet ist. Sie ist Teil der Familie und daher gehen wir davon aus, dass sie Ihr Bestes möchte und bereit ist, dafür alles Notwendige zu lernen und zu tun.

Wie ich bereits ausgeführt habe, sind die erste und die zweite Person der *dritten* in der Regel einige Schritte voraus. Sie sind mit ihrem Bereich und sich gegenseitig vertraut. Sie wissen recht gut um ihre Stärken und Schwächen und wechseln einander ohne große Reibungsverluste ab. Sie kennen Mittel und Wege, ihre jeweiligen Aufgabenstellungen zu bewältigen oder arbeiten daran. Die *dritte Person* hingegen ist in den meisten Fällen diejenige, der es an Haltung, konkreten Aufgaben und Arbeitsmoral mangelt, weil ihr weniger Aufmerksamkeit zuteilwird. Dieses Versäumnis macht sich in Unsicherheit und Unbeholfenheit bemerkbar, denn auch wenn ihr wenig Beachtung geschenkt wird, muss sie sich dennoch ständig auf dem Parkett des Selbstmarketings beweisen. Wenn sie darauf nicht ausreichend vorbereitet ist, erhöht das die Wahrscheinlichkeit von Schamgefühlen und daraus resultieren wiederum die bereits erwähnten Abwehrreaktionen.

Im folgenden Kapitel gehe ich näher auf diesen „Teufelskreis des Selbstmarketings" ein und stelle Ihnen die „Engelsleiter des Selbstmarketings" in Aussicht. Wir kümmern uns darum, Ihre *dritte Person* mit konkreten Aufgaben zu versorgen und darüber an Selbstbewusstsein gewinnen zu lassen. Dafür muss sie nur eines: ins Tun kommen.

Die drei Persönlichkeitsanteile Kreativer

Schritt 2

Ins Tun kommen

Konkretes Handeln stärkt das, was in der Psychologie mit dem Wort „Selbstwirksamkeit" beschrieben wird: die Überzeugung, aus eigener Kraft etwas bewirken zu können. Oder anders ausgedrückt: ob wir uns selbst zutrauen, unsere Pläne erfolgreich ins Ziel zu bringen. Es liegt auf der Hand, dass jemand, der sich selbst wenige Chancen ausrechnet, mit Eigeninitiative etwas zu erreichen, auch wenig investieren wird – zeitlich, visionär, monetär und kräftetechnisch. Wer hingegen die Erfahrung gemacht hat, dass seine Taten auch zu etwas führen, wird auch dann durchhalten können, wenn es Rückschläge gibt.

> Selbstwirksamkeit lässt sich erlernen bzw. stärken.

Dafür gibt es ein ganz einfaches Rezept: Tun. Worte können Sie motivieren, aber nachhaltig überzeugen werden Sie eher Ergebnisse Ihrer eigenen Handlungen. Sie werden wie ein mehrdimensionales Bild in Körper, Geist und Seele als eine überzeugende Erfahrung abgespeichert. Wenn Sie dann eines Tages zur nächsten Heldenreise aufbrechen, ist die Zuversicht in Ihre Unternehmungen schon eine Schicht dicker und es fällt Ihnen ein Stück leichter, den ersten Schritt zu tun. Wir möchten also erreichen, dass Sie ins Tun kommen und damit Ihre Selbstwirksamkeit stärken. Damit Sie auch vor schwierigen Hürden nicht zurückschrecken.

Nehmen wir z. B. den Filmmarkt: Der Besetzungsprozess ist in Deutschland so unzugänglich und intransparent wie in kaum einem anderen Land. Der Markt ist überfüllt – Zugänge werden sehr ausgewählt und häufig über Beziehungen verschafft. Der Effekt: Wir sehen in der Regel die gleichen Gesichter und können uns fragen, ob das bei allen allein auf ihre einzigartige Qualität zurückzuführen ist. Wir haben es also mit einem Markt zu tun, bei dem sich leicht bezweifeln lässt, dass Initiative und Aktivität überhaupt etwas bewirken können. Aber so ist es. Allerdings nur mit entsprechendem Input. Besonders unzugänglicher Markt heißt: besonders viel tun. Schauspieler und Schauspielerinnen, die sich ohne familiäre Kontakte oder eine seit der Kindheit und Jugend aufgebaute Film-Vita auf dem Film- und Fernsehmarkt etablieren konnten, berichten mir, dass sie Vollzeit arbeiten. Allerdings sprechen sie dabei nicht von darstellerischer Tätigkeit, sondern von ihrer *dritten Person*. Denn gedreht wird von der Gesamt-Arbeitszeit selten mehr als 30 Tage im Jahr (Telenovelas und Soap-Operas ausgenommen). Was für ein Verhältnis von Schauspiel und Marketing! Da kann man es niemandem verdenken, sich dem Aufwand zu verweigern. Nochmal: *Was* zu tun ist bzw. woher man die notwendigen Informationen bekommt, wissen alle. Aber die wenigsten *tun* es. Die, die es tun, kommen ans Ziel. Zu Beginn meiner Beratungstätigkeit wäre ich mit dieser Aussage noch vorsichtiger gewesen, aber ich befrage seit über zehn Jahren alle Künstler und Künstlerinnen, mit denen ich zusammenarbeite, was sie investiert und geerntet haben. Damit sind nicht nur finanzielle Aspekte gemeint, sondern auch zeitliche, emotionale, visionäre, künstlerische oder persönliche. Ich frage außerdem danach, welche Ergebnisse auf das Engagement von anderen – z. B. der Agentur – zurückzuführen sind. Es besteht ein klarer Zusammenhang zwischen der Menge des Inputs und des Outputs. Daher ist es das Ziel dieses Buches, dass Sie Ihren Input erhöhen. Aber auch, dass Sie Ihre Ressourcen dabei möglichst effizient einsetzen.

Immer mal wieder schaue ich in ein junges Gesicht und höre mich sagen: *„Du solltest davon ausgehen, dass niemand, der Dir in diesem Metier begegnet, sich ernsthaft für Dich interessiert."* Ich sage das nicht aus Verbitterung oder Hoffnungslosigkeit heraus, sondern weil ich weiß, dass diejenigen am ehesten ein selbstbestimmtes, existenziell abgesichertes und künstlerisch erfülltes Leben haben werden, die selbst die Verantwortung dafür übernehmen. Wir leben (vor allem in Deutschland) in einer Gesellschaft, in der Kultur per se keine Legitimation erfährt. Wie ich bereits eingangs bemerkt habe, wird sie als Luxusgut behandelt, das von Menschen aus Spaß oder Selbstverwirklichungsdrang ausgeführt wird und daher auch nicht unbedingt bezahlt werden muss. Diese gesellschaftliche Abwertung macht künstlerische Berufe zwar nicht weniger attraktiv, aber die existenzielle Absicherung schwieriger. Und dies wiederum erhöht die Notwendigkeit von Selbstmarketing. Kreative sollten sich darüber im Klaren sein, dass ihre Entscheidung für diesen beruflichen Weg eine individuelle ist, deren Folgen – erfreuliche wie unschöne – sie alleine tragen werden und sie dabei in erster Linie auf sich selbst vertrauen müssen, um ihre Ziele zu erreichen. Dass sich niemand wirklich für sie interessiert, soll insofern nur pointiert ausdrücken, wie wichtig es ist, von Anfang an einen scharfen Blick und eine besondere Wertschätzung für die Ausnahmen von dieser Regel zu entwickeln und sich verantwortungsvoll um den Teil zu kümmern, der in der eigenen Hand liegt.

Aus der pädagogischen Psychologie wissen wir, dass Lernen besonders gut gelingt, wenn es auf unterschiedlichen Sinnesebenen passiert. Also wenn ein Kind das Alphabet spricht, es geschrieben sieht und dann noch als Kartenweg auf dem Boden abschreitet. Ebenso ist es hilfreich, wenn Gelerntes in das eigene Vokabular und die eigene Gedanken- und Gefühlswelt übersetzt und mit dem persönlichen Erinnerungsschatz verbunden wird. Auf das Thema dieses Buches angewendet heißt das: Nachdem wir im ersten Kapitel eher gedanklich unterwegs waren, gilt es jetzt, die entstandene Haltung mit praktischen, für Sie persönlich relevanten, sinnlichen Erfahrungen zu verbinden. Aus diesem Grund kommt hier eine erste konkrete Aufgabe, die Ihnen buchstäblich etwas in die Hand gibt:

Das Buch zum Buch Bitte besorgen Sie sich ein Buch oder Heft, das für Notizen rund um Ihr Selbstmarketing reserviert ist.

Die Mehrheit der Künstlerinnen und Künstler, die ich kenne, liebt Papier. Natürlich nutzen sie Computer mit allen technischen Raffinessen und dennoch kritzeln, notieren, skizzieren oder kleben sie auch gerne. Es ist, als würden diese realen, quasi kreativen Handlungen den Ideenfluss bahnen können. Für Viele ist der Begriff „kreatives Chaos" eine treffende Beschreibung dafür, dass perfekt aufgeräumte, geordnete Welten sich nicht so gut mit kreativem Flow verstehen wie Zettelwirtschaft und unterschiedliche Texturen zum Anfassen oder Draufschauen. Ich denke da z. B. an eine Autorin, die am verlässlichsten in der S-Bahn, in kleine Notizbücher hineinschreibend, kreativ sein konnte. Als sie für einige Zeit ihren kranken Hund nicht in öffentliche Verkehrsmittel mitnehmen konnte und daher hauptsächlich Auto fuhr, nahm das maßgeblich Einfluss auf ihr Schreiben. Viele Kreative lieben zudem die Geschichten, die sie mit Gegenständen verbinden. So können Notizbücher über diese emotionale Patina Erfindungen fördern. Egal, ob Sie zu diesen Menschen gehören oder Wort und Musik ausschließlich digital speichern und in Ihrer Wohnung vom Boden essen können: bitte notieren Sie – je nachdem, wie es Ihnen entspricht, stichpunktartig oder ausufernd, was Ihnen bisher beim Lesen eingefallen ist oder bei der weiteren Lektüre noch einfällt. Machen Sie sich Notizen dazu, die Sie auch in fünf Jahren noch verstehen werden. Letztlich ergibt erst die Kombination aus diesem Buch und Ihren persönlichen Anmerkungen für Sie den nützlichsten Ratgeber. Denn Sie sind der Fachmann bzw. die Fachfrau für sich selbst.

Meine erste, zweite und *dritte Person* Nehmen Sie sich einen Augenblick Zeit, Ihr Notizbuch zur Hand und notieren Sie für

- die erste Person – Ihre Privatperson,
- die zweite Person – Ihr kreatives Ich und
- die *dritte Person* – das Management des Trios,

was Sie jeweils charakterisiert und wo Sie aktuell Handlungsbedarf sehen.

Fragen Sie sich für jeden der drei Persönlichkeitsanteile in Ihnen:

1. Was macht Sie darin aus? Was ist typisch für Sie? Was würden Andere über Sie sagen?
2. Wo liegen Ihre Stärken und Ihre Schwächen?

3. Welche der Schwächen müssen Sie hinnehmen, welchen möchten Sie sich gerne stellen?
4. Was brauchen die unterschiedlichen Anteile in Ihnen, um sich wohlzufühlen, um Motivation aufzubringen. Wann laufen Sie zur Höchstform auf?
5. Was fehlt Ihnen davon aktuell und warum?
6. Wie könnten Sie das ändern?
7. Was können Sie allein bewältigen, wo brauchen Sie Unterstützung?

Es gibt große individuelle Unterschiede zwischen Kreativen in den Schnittmengen der drei Persönlichkeitsanteile. In Gruppenworkshops bitte ich die Teilnehmer und Teilnehmerinnen manchmal, die Überschneidungen durch drei Kreise zu visualisieren. Manche empfinden kaum einen Unterschied zwischen den einzelnen Zuständen von erster, zweiter und *dritter Person* – die Kreise sind beinahe deckungsgleich. Andere wieder empfinden es so, als lebten sie tatsächlich drei unterschiedliche Lebensrealitäten, die Kreise berühren sich gerade noch. So oder so sind die drei Persönlichkeitsanteile eng miteinander vernetzt, bauen aufeinander auf, hängen voneinander ab. Das heißt, alles, was Sie an einer Stelle investieren, wird sich auf die anderen Anteile auswirken. Das Gleiche gilt auch, wenn Sie Aspekte vernachlässigen.

Der Teufelskreis des Selbstmarketings – Warum zu viel Markt Kreativität blockiert

Ich habe den „Teufelskreis des Selbstmarketings" entwickelt, um zu beschreiben, was häufig dahintersteckt, wenn Selbstwerbung Kreative auslaugt und deprimiert. Es beginnt mit dem …

Wunsch nach Erfolg
Künstler und Künstlerinnen möchten gesehen und gehört werden. Sie möchten über den künstlerischen Ausdruck von Gedanken und Gefühlen eine Verbindung zwischen ihrer Innenwelt und der Außenwelt herstellen. Sie tun das in der Regel bereits in ihrer Imagination während des kreativen Schaffensprozesses. Dabei antizipieren sie in ihrer Vorstellung die Reaktion ihrer Leser- und Zuhörerschaft, den Zuschauern und Zuschauerinnen. Als wären sie verliebt und würden die Anwesenheit der geliebten Person innerlich vorwegnehmen, bauen sie Hoffnungen, Erwartungen und eine Art Vorfreude auf. Viele berichten davon – verschämt oder selbstironisch – wie sie manchmal Dankesreden für Preise formulieren, von denen es sehr unwahrscheinlich ist, dass

sie sie jemals erhalten werden (und können skurriler Weise völlig unvorbereitet sein, wenn es doch dazu kommt).

Unter Erfolg versteht jeder Künstler und jede Künstlerin etwas Anderes, dennoch eint alle die Sehnsucht danach, in ihrer Gesamtpersönlichkeit mit allem Können und allen Inhalten erkannt zu werden. Doch worin sich das ausdrückt – im Bekanntheitsgrad, in Geld, Preisen, in der Anerkennung persönlich bedeutsamer Menschen oder einfach in einem guten Gefühl zu sich selbst – das kann ganz unterschiedlich sein. Es entspricht jedoch selten dem, was Menschen darunter verstehen, die keinem künstlerischen Beruf nachgehen. Ich werde nie müde, die Geschichte zweier Brüder zu wiederholen: Beide tanzten in Kompanien, die Tänzern Glückstränen in die Augen treiben. Ihr gesamtes Berufsleben lang sah man sie auf den größten Bühnen überall auf der Welt. Ursprünglich kamen sie aus einer süddeutschen, kleinen Stadt – es gab weitere drei Geschwister, die im Heimatort handwerklichen Berufen nachgingen. Beim großen Familienessen hält die Mutter eine Ansprache auf ihre Kinder. Zuletzt kommt sie auf ihre beiden Tänzer-Söhne zu sprechen, seufzt tief mit aller mütterlichen Sorge und sagt: *„Nur aus den beiden ist nichts geworden."*

> Was auch immer Sie persönlich für ein erstrebenswertes Ziel halten – das soll hier gemeint sein, wenn wir von „Erfolg" sprechen.

Mit dem Wunsch nach Erfolg starten Kunstschaffende ihren Weg. Viele widmen sich im nächsten Schritt dem …

Fokus auf den Markt
Was wird gebraucht? Wie soll ich sein? Was erwartet man von mir? Was hat aktuell Erfolg? Wo finde ich eine Lücke im Markt für mich? Was im ersten Moment wie eine sinnvolle Analyse erscheint, kann eine Kettenreaktion auslösen, die

Selbstmarketing zu einer Tortur macht und die Karriere in eine Richtung treibt, die Ihnen nicht entspricht. Das würden Sie daran merken, dass Sie sich nach Jahren harter Arbeit fragen:

„Warum werde ich für etwas geschätzt, das ich selbst nicht mag?"
„Warum habe ich damals an diesem Punkt aufgegeben?"
„Warum möchte ich nicht geben, was sie von mir wollen?"

Um die Terminologie des ersten Kapitels noch einmal aufzugreifen: In diesem Fall hätte die *dritte Person* die zweite, die kreative, dominiert und damit einen entscheidenden Fehler begangen. Denn für Ihr kreatives Ich entsteht dadurch eine …

Distanz zum kreativen Kern
Fokussieren sich Kreative auf den Markt und orientieren sich in ihrem künstlerischen Tun und Selbstmarketing in erster Linie daran, was dort gewollt ist, gehen sie in Distanz zu ihrem wichtigsten Kapital – ihrem kreativen Kern. Aus dieser Substanz – Talent, persönlich relevanten Inhalten und Ausdruckswillen – speisen sie sich seit frühester Kindheit. Der kreative Kern begleitet Künstler und Künstlerinnen ein Leben lang und ist so selbstverständlich für sie wie der Atemvorgang. Daher passiert es nicht selten, dass sie seine Bedeutung unterschätzen und ihn nicht ausreichend pflegen. Nach dem Motto „Meines künstlerischen Talents und Könnens bin ich mir sicher, nur das Verkaufen fällt mir schwer.", schützen viele diesen Anteil nicht ausreichend. Ich habe im ersten Kapitel bereits ausgeführt, wie dramatisch es für Kreative ist, wenn sie sich fremd werden in dem, was sie tun. Künstler und Künstlerinnen machen keine Kunst, weil sie eine Marktlücke entdeckt haben, die sie nun füllen möchten. Sie tun, was bereits in ihnen steckt – unabhängig von Moden oder Zeitgeist. Sie können ihrer Epoche mehr oder weniger entsprechen, was wiederum einen Einfluss darauf

hat, wie gut sie ihre Kunst verkaufen können. Im besten Fall setzen sie selbst einen Trend. Lassen sie es zu, dass ihr Blick auf den Markt den kreativen Kern dominiert, stärken sie damit die Überzeugung, dass Erfolg auf Marktanalysen und der Befriedigung der Bedürfnisse dieses Marktes basiert. Das ist sicher ein Zusammenhang, der in rein marktwirtschaftlichen Zusammenhängen seine Berechtigung hat.

> Für Kreative jedoch gilt: Ohne Selbst kein Marketing und ohne Kunst kein Selbst.

Die Basis einer gelingenden Selbstmarketing-Strategie ist daher die Pflege des kreativen Kerns. In der „Engelsleiter des Selbstmarketings" widmen wir uns ausführlich der Frage, was unter dem „kreativen Kern" zu verstehen ist und wie man ihn pflegen kann. Darüber hinaus gibt es einen weiteren Grund, warum eine Fokussierung auf den Markt im künstlerischen Bereich wenig Sinn ergibt: Es gibt ihn nicht – *den* Markt! Was Hubert Thurnhofer mit seiner „Kunst-Markt-Pyramide" für die bildende Kunst sehr schön darstellt, gilt auch für alle anderen Künste: Es gibt zahlreiche unterschiedliche Märkte, die zudem ständig in Bewegung sind. Was heute noch ein „No-Go" ist, kann schon morgen im Zentrum des Interesses stehen. Zudem können Kunstschaffende sich heutzutage mit den Möglichkeiten der Selbstvermarktung über das Internet ihre eigenen Märkte kreieren. Wer also dem Markt hinterher läuft, jagt ein Phantom. Und richtet dabei möglicherweise einen fatalen Kollateralschaden an, weil er den …

Zugriff auf Stärken erschwert
Gehen Künstler und Künstlerinnen in Distanz zu ihrem kreativen Kern, weil sie zuerst die Aufmerksamkeit auf den Markt und dessen vermeintliche Erfordernisse richten,

entfernen sie sich zwangsläufig gleichzeitig von ihren Stärken, die eng verbunden sind mit diesem Kern. Auf einmal fehlen die Zutaten, aus denen sich ihre Persönlichkeit normalerweise speist: Begeisterungsfähigkeit, Offenheit, Präsenz, Individualität, Energie, Neugier, Ausdrucksstärke, Charme, Humor, Körperbewusstsein, der Zugang zur eigenen Ideen- und Gefühlswelt. Nach außen sichtbar und nach innen spürbar wird die Botschaft: „Es gelingt Dir nicht, überzeugend für Dich zu werben." Damit wird die …

Unsicherheit verstärkt
Kreative, die die unmittelbare Nähe zu ihrer kreativen Substanz verlieren, bewegen sich wie der Pinguin an Land. Denn das Gefühl der Entfremdung von sich selbst bewirkt eine große Verunsicherung. Es scheint, als habe man vergessen, warum die eigene Kunst es wert ist, nach außen getragen zu werden – geschweige denn die eigene Person. Schamgefühle stehen im Vordergrund und behindern die Kommunikationsfähigkeit. Es fehlen die richtigen Worte, die Überzeugungskraft, der Mut und das Selbstbewusstsein, um für sich einzutreten und das eigene Werk und Können zu präsentieren. Dieses Geschehen setzt einen sich selbst verstärkenden destruktiven Kreislauf in Gang, der so unangenehm ist, dass die Betreffenden ihm schnellstmöglich entkommen möchten. Dieses Bedürfnis zeigt sich häufig als …

Rückzug
Man zieht sich aus der Arena des Selbstmarketings zurück. Diese Abwendung kann sich in Form von Vermeidungsverhalten, aber auch in Trotz, Überheblichkeit, depressiven Verstimmungen oder Selbstanklagen zeigen. Künstler und Künstlerinnen sind auch in Bezug auf Selbstsabotage-Strategien sehr erfinderisch. Das Resultat ist …

Fehlende Sichtbarkeit
Sie sind zu wenig oder gar nicht sichtbar auf dem Markt. Im wörtlichen Sinn: Es ist nichts von ihnen zu sehen. Kanäle, auf denen Interessierte sich gerne informiert hätten, bleiben unterversorgt. Material ist veraltet oder entspricht nicht den eigenen Ansprüchen. Netzwerktreffen finden ohne sie statt. Aber nicht nur auf dem offiziellen Parkett: selbst im privaten Kreis, im Gespräch – auch mit Vertrauten – wird der Rückzug spürbar. Und daraus ergibt sich …

Fehlende Resonanz
Die ersehnte Verbindung kann nicht stattfinden. Es entsteht auch kein Austausch, der zu Wachstum und neuen Erfindungen anregt. Es ist, als stünde das Mühlrad still, weil kein Wasser (mehr) vorhanden ist, um es anzutreiben. Und das wiederum …

verstärkt den Wunsch nach Erfolg
Da der Ausdruckswillen weiter besteht, weil er unabhängig vom Marktgeschehen existiert, bleibt ein ausgezehrter Mensch zurück, der sich nun noch sehnsüchtiger fragt: „Wo ist mein Platz?". In der Regel ist Verlass auf den inneren Antrieb, der dafür sorgt, dass Kreative nach (manchmal sehr langen) Phasen der Unsichtbarkeit wieder aufbrechen, um sich zu zeigen. Häufig sind es auch Freundschaften, Fans oder andere Unterstützer-Systeme, die nicht mit ansehen können, wie das Talent verkümmert oder unbeachtet bleibt, die ihnen Mut zusprechen oder Hilfe anbieten.

Der Teufelskreis des Selbstmarketings… 91

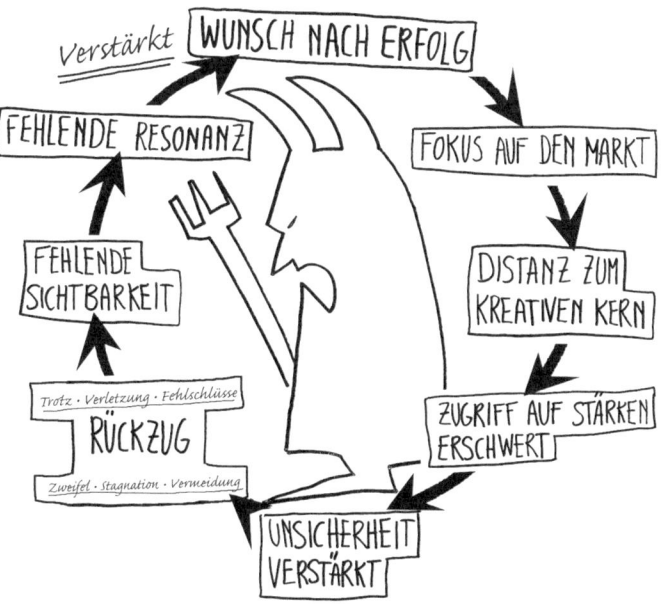

Teufelskreis des Selbstmarketings

Ich möchte mit dem Modell dieses Teufelskreises keine allgemeingültige Wahrheit behaupten, sondern durch die Zuspitzung die fatale Wirkung unterstreichen, die es für kreative Persönlichkeiten haben kann, wenn sie ihre wichtigste Ressource – ihr kreatives Innenleben – nicht ausreichend würdigen und sich stattdessen dazu verleiten lassen, sich dem Marktgeschehen anzupassen.

> Gehen Sie es diesmal anders an. Mit einem langen Atem. Darauf ausgerichtet, dass Sie es über Jahre privat, künstlerisch und strategisch durchhalten und immer wieder flexibel den sich verändernden Prioritäten anpassen können.

Als Leitfaden dafür stelle ich Ihnen im Folgenden mein Modell der „Engelsleiter des Selbstmarketings" vor.

Die Engelsleiter des Selbstmarketings – Die Pflege der kreativen Substanz ist der Schlüssel

Nachdem wir uns beim Teufelskreis des Selbstmarketings eher dem „Not-to-do" gewidmet haben, steuern wir jetzt direkt auf den Start Ihres persönlichen Selbstmarketings zu. Denn so, wie der Teufelskreis ein sich selbst verstärkender destruktiver Kreislauf ist, kann die Engelsleiter einen positiv verstärkenden Kreislauf in Gang setzen. Auch sie beginnt mit dem …

Wunsch nach Erfolg
Der ursprüngliche Antrieb, Ihr persönliches Elixier, von dem bereits im ersten Teil dieses Buches die Rede war, unterscheidet sich in beiden Kreisläufen nicht. Und wie bereits in Teil 1 erläutert, ist es wichtig, dass Sie sich immer wieder neu damit auseinandersetzen, was Sie persönlich darunter verstehen. Denn die Definition von Erfolg verändert sich mit Ihnen. Direkt nach der Ausbildung, nach einigen Jahren im Beruf, während der Familiengründung oder wenn die Kinder ausgezogen sind, beurteilen Sie dieselbe Situation ganz unterschiedlich.

> **Was ist Erfolg?**
>
> Wenn Sie also aktuell noch einmal Ihr Selbstmarketing neu aufstellen möchten, nehmen Sie sich die Zeit und überlegen Sie gut, was Sie am Ende gerne in den Händen halten möchten:
>
> - Wie soll Ihr Leben in 3–5 Jahren aussehen?
> - Woran würden Sie merken, dass Sie Ihrer Version von Erfolg nähergekommen sind?
> - Was könnte Sie mit einem tiefen Gefühl des Stolzes, der Dankbarkeit oder der Freude erfüllen?
> - Benennen Sie gegebenenfalls konkrete Zahlen (monatliches Einkommen, Drehtage, Bilderpreise, Gagen o. Ä.)
> - Wie würden Sie in den Medien porträtiert werden, wenn Sie am Höhepunkt Ihrer Karriere angelangt sind?

Der entscheidende Unterschied zwischen Teufelskreis und Engelsleiter besteht darin, dass Sie sich im ersten Schritt nicht den Markterfordernissen zuwenden, sondern der …

Pflege des kreativen Kerns

> Richten Sie die Aufmerksamkeit nach innen – nicht nach außen.

> **Pflege des kreativen Kerns**
>
> Überlegen Sie einmal, was mit dem Begriff „kreativer Kern" für Sie persönlich gemeint sein könnte. Fragen Sie sich zunächst einmal, was Sie selbst darunter verstehen:
>
> - Ist es Ihr Gefühl zu sich selbst?
> - Ein Zustand, in den Sie sich begeben?
> - Bei welchen Tätigkeiten kommen Sie in ein Flow-Erleben, vergessen die Zeit und fühlen sich danach aufgetankt und genährt?

- Verstehen Sie eher eine bestimmte Ästhetik, ein Kunstverständnis darunter, mit dem Sie sich identifizieren?
- Ist es eine Ansammlung von Adjektiven, Substantiven und Bildern, die zusammengenommen Ihren kreativen Kern gut beschreiben würden?

Dann fragen Sie sich:

- Was bringt Sie mit diesem Kern in Verbindung?
- Was erweckt Ihre zweite Person – Ihr kreatives Ich – zum Leben?
- Was hilft Ihnen dabei, in einen kreativen Zustand zu kommen (z. B. Ruhe, Ungestörtsein, bestimmte Menschen, ausreichend Zeit, ein inspirierender Raum)?
- Was hindert Sie daran (z. B. Hunger, fehlendes Material, Druck, bestimmte Menschen, eine Erwartungshaltung)?
- Wie hoch muss die Dosis dieser Substanz sein, damit die Verbindung zu Ihrer zweiten Person nicht abreißt?

Wenn es Ihnen schwerfällt, diese Fragen zu beantworten, versuchen Sie sich daran zu erinnern, wie es für Sie als Kind war. Wie haben Sie es damals geschafft, den Kreativmodus anzuschalten?

Ob Kreative in lebendiger Verbindung zu ihrem kreativen Kern sind, ist nicht immer daran gebunden, dass sie die Kunst ständig ausüben. In der Regel können sie sehr gut darüber Auskunft geben, ob diese Verbindung gerade vernachlässigt oder gut versorgt wird. Ich arbeitete mit einer Klientin, deren Ziel es war, endlich das Schreiben zu einem lebendigen Teil Ihres Lebens zu machen. Zu Beginn mussten wir ihrem prall gefüllten Alltag gegen große Widerstände konkrete Schreibzeiten regelrecht abringen. Stück für Stück eroberten wir uns ein bisschen mehr Schreibterritorium. Irgendwann wurde es ein Selbstläufer. Als ich einmal wie gewohnt zu Beginn eines Gespräches fragte, wie es mit dem Schreiben liefe, sagte sie: *„Ich habe in den letzten zwei Wochen nichts zu Papier gebracht, aber es ist alles bestens – ich bin innerlich in Kontakt mit dem Text."*

Die Pflege des kreativen Kerns sollte vollkommen unabhängig vom Marktgeschehen passieren. Ohne Ziel und ohne künstlerische Kompromisse. Sie widmet sich ausschließlich dem Erhalt Ihrer kreativen Quelle. Betrachten Sie Ihre Kreativität wie ein scheues Tier, das sich nur unter besonderen Umständen zeigen und in die richtige Laune geraten kann. Gehen Sie sensibel und fürsorglich mit ihm um. Vernachlässigen Sie dieses Tierchen, haben Sie nichts, wofür Sie Selbstmarketing betreiben können. Es kann Ihnen nicht wertvoll genug sein. Verteidigen und schützen Sie es. Und wenn es sich vorsichtig zeigt, öffnen Sie nicht gleich die Türen für Besucherströme. Erste Ideen, erste Versuche und neue Wege sind wie zarte Pflänzchen, die man dem Wetter noch nicht aussetzen soll. Pflegen und nähren Sie es gut, wird es sich revanchieren, indem es erscheint, wenn Sie es brauchen und Sie mit Zuversicht, Ideenfluss und Selbstbewusstsein versorgt.

Sicher kennen Sie das: Wenn Sie – durch ein Engagement, eine Idee, an der Sie gerade arbeiten oder eine intensive Übungsphase – in Kontakt mit Ihrem kreativen Kern sind, erleben Sie die Welt und sich darin anders. Sie erinnern sich daran, wer Sie (eigentlich) sind und was Ihrem Leben Sinn verleiht. Sie fühlen sich stärker und risikobereiter als in Phasen, in denen Sie lange nicht kreativ waren. Bei manchen Kreativen ist dieser Aspekt so stark ausgeprägt, dass sie bereits am Morgen nach einer Premiere schon nicht mehr ganz sicher sind, ob sie sich der kreativen Welt zugehörig fühlen dürfen. Die Verbindung zu Ihrer zweiten Person ist sinnlicher Natur – sie kann nicht ausschließlich über Gedanken hergestellt werden. Kreative Persönlichkeiten müssen diesen anderen Bewusstseinszustand real erfahren, um sich ihrer selbst zu versichern. Das hat in zweifacher Hinsicht einen positiven Effekt auf Ihr Selbstmarketing. Erstens:

Produkte entstehen

Es entsteht dabei automatisch ein künstlerischer Outcome. Damit sind nicht zwingend veröffentlichungsreife Produkte wie DVDs, Bücher oder CDs gemeint. Es können auch Ideen, Entwürfe, Skizzen, Modelle, Präsentationsmaterial oder Ähnliches sein. Zweitens erlaubt es Ihnen den …

Zugriff auf Stärken

Das Gegenteil dessen geschieht, was im Teufelskreis passiert: Sie bleiben in Verbindung mit Ihren Stärken. Die kreative Tätigkeit verschafft Ihnen den Zugang zu Charaktereigenschaften, die für Kunstschaffende typisch sind und sich zudem wunderbar eignen, um andere für sich zu begeistern. Was Sie auf der Bühne, im Probenraum, im Atelier, beim Schreiben, im Studio, vor der Kamera oder in der Werkstatt nutzen, steht Ihnen nun zur Verfügung, um für sich zu werben: Ihre authentische Begeisterungsfähigkeit, Offenheit, Präsenz, Ihre Individualität und Energie, Neugier und Ausdrucksstärke. Die innere Freiheit, Ihren Charme und Humor einzusetzen. Ein unverfälschtes Körperbewusstsein und der Zugang zu Ihrer Ideen- und Gefühlswelt. Was sich für die Produktion von Kunst als nützlich erweist, unterstützt Sie ebenso beim Selbstmarketing. Diese Verbindung darf nicht gelöst werden, wenn es um die Strategien des Selbstmarketings geht. Sie bewirkt, was wir erreichen möchten: Sie bekommen …

Lust, sich zu zeigen

Die meisten Kreativen behaupten von sich selbst, sie seien schlecht darin, „sich zu verkaufen". Dass das nicht stimmt, kann man schnell verdeutlichen: Erinnern Sie sich daran, als Sie zum letzten Mal in einem kreativen Flow-Zustand waren und daraus ein Produkt entstand. Wollten Sie es danach unbedingt Ihrer Umwelt vorenthalten? Oder haben

Sie bei der ersten guten Gelegenheit etwas davon preisgegeben? In der Regel entsteht bei Kreativen, wenn Sie aus sich selbst heraus etwas erschaffen haben, die Lust darauf, sich damit auch der Außenwelt zu zeigen. Diese Lust entspringt dem kreativen Produkt – dem Lied, Text, Film, der Projektidee. Künstler und Künstlerinnen haben Freude daran, sich selbst als Medium für dieses Werk herzugeben. Sie brauchen nur zu tun, was sie lieben, um sich daran zu erfreuen und dafür zu begeistern und diese Freude und Leidenschaft auf andere zu übertragen. Deshalb sind sie eigentlich die geborenen Werbefachleute. Die Voraussetzung dafür, dass Sie auf dieses Talent zugreifen können, ist, dass Sie den Wert Ihres Produktes erkennen. Sie selbst, Ihre Kunst, Ihre Kreativität, Ihre Virtuosität, Ihr Humor, Ihr Sprachverständnis, Ihre Musikalität, Ihre Geschichten sind es, um die es hier geht. Niemand außer Ihnen selbst kann diese Produkte erschaffen. Jeder Künstler und jede Künstlerin produziert für einen spezifischen Markt, eine eigene Fangemeinde, Zielgruppe und eigene Follower das, was ihnen willkommen ist. Diesen Markt gilt es zu finden und mit der eigenen kreativen Substanz bekannt zu machen.

Fehlt Ihnen der Antrieb, sich zu zeigen, können Sie sich zwei Fragen stellen:

1. Habe ich mich verantwortungsvoll genug um mein Produkt gekümmert?
2. Bin ich auf dem richtigen Markt unterwegs?

Dieses Vorgehen führt zu Ihrer …

Sichtbarkeit

Wenn Sie Ihre kreative Substanz pflegen, halten Sie Produkte in der Hand, die Sie gerne präsentieren. Damit werden Sie automatisch sichtbar. Das muss nicht direkt in den Medien sein. Das kann schon dadurch passieren, dass Sie bei einem Abendessen im privaten Kreis darüber ins Gespräch kommen, woran Sie gerade arbeiten. Oder in Produktionspausen kurz etwas anspielen. Oder es entstehen Fragen und Sie nehmen deshalb Kontakt zu jemandem auf, der dadurch davon erfährt, was Sie tun. Aber natürlich werden Sie auch auf dem Markt sichtbar – auf Spielplänen, Kunstmessen, in Ankündigungen, Kritiken, auf Premierenfeiern, Flyern, im Radio, Fernsehen, Internet, bei Vernissagen, Podiumsdiskussionen, Festivals und stoßen dadurch auf …

Resonanz

Sie werden wahrgenommen, man reagiert auf Sie. Damit erreichen Sie eine …

Netzwerkerweiterung

Was dabei aber besonders wichtig ist: Je näher Sie Ihrem kreativen Kern auf diesem Weg geblieben sind, desto ergiebiger wird die Netzwerkerweiterung sein, die daraus entsteht. Denn für Sie ist nur ein Netzwerk interessant, das zu Ihnen und dem, was Sie anzubieten haben, passt. Mehr und mehr werden Sie spüren, dass man dort, wo Sie Ihre Kunst anbieten, erfreut ist, dass Sie das tun. Umso weniger werden Sie das Gefühl haben, sich dort anzubiedern.

Die Engelsleiter dient auf der einen Seite dem effizienten Einsatz aller Ressourcen, um sich zu etablieren. Auf der anderen Seite kann es hilfreich sein, wenn die tatsächlichen Umstände so sind, dass man sich untreu werden muss. Ich möchte erklären, warum das nicht im Widerspruch zu meinem leidenschaftlichen Plädoyer dafür steht, Kreative sollten sich so nah wie möglich an ihrer künstlerischen Identität bewegen: es passiert nicht selten, dass sich Türen öffnen, die mit dem künstlerischen Kern nicht viel zu tun haben, aber die Miete zahlen oder aus anderen Gründen strategisch sinnvoll erscheinen. Sind Kreative in spürbar lebendiger Verbindung zu ihrer künstlerischen Identität, wird sie eine notwendige Abweichung von diesem Weg viel weniger in Bedrängnis bringen. Denn sie werden den Job nicht mit ihrem kreativen Ich verwechseln. Ich kenne einige, die kommerziell sehr erfolgreich sind auf einem Markt, der sie persönlich eher kalt lässt, sich damit aber die Möglichkeit geschaffen haben, ihre Herzensprojekte zu realisieren. Es wäre nicht zielführend, Künstler und Künstlerinnen in ihren Arbeitsmöglichkeiten zu sehr einzuengen – dazu ist es viel zu schwer, sich ausschließlich durch die Kunst zu ernähren. Mir geht es darum, sie dazu zu motivieren, alle Möglichkeiten zu nutzen, um für sich zu werben. Eben *weil* es so schwer ist. Dabei sollten sie sich frei in der Wahl ihrer Wege fühlen und nur die Verbindung zum Ausgangspunkt nicht verlieren.

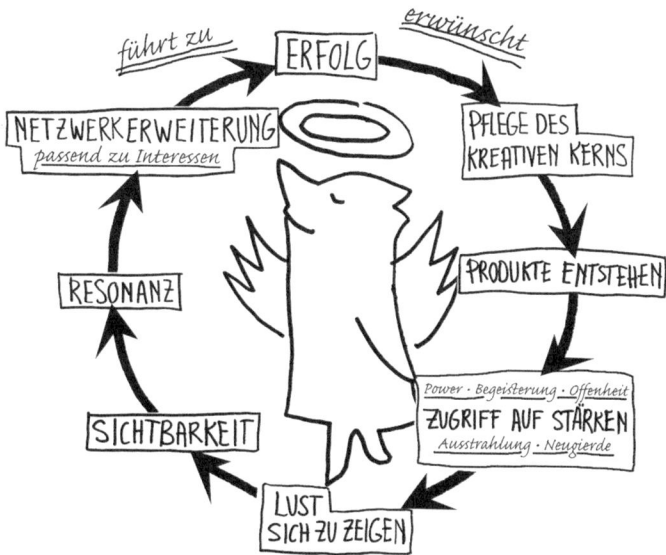

Engelsleiter des Selbstmarketings

Clarissa befand sich in eben diesem Zwiespalt: Wie soll sie damit umgehen, dass der Markt sie in einer Weise definiert, die ihr nicht entspricht, aber ihre Existenz sichert?

Clarissa, 26

„Ich bin eine zierliche Frau mit großen blauen Augen und einer kleinen Nase. Offenbar bewirkt diese äußere Erscheinung, dass man mich gerne in die Schublade „niedliche Maus" einordnet. Folge ich dieser Schublade, öffnen sich viele Türen für mich, aber nicht die, die ich gerne hätte. Ich bin gerade wieder am Scheideweg: soll ich mich auf ein Angebot einlassen, das mich längere Zeit ernährt und mir einen gewissen Bekanntheitsgrad verschafft, aber für meinen Geschmack zu inhaltsleer ist? Bewege ich mich dann nicht immer weiter davon weg, wer ich wirklich bin?"

Alina Gause

Vor vielen Jahren interviewte ich eine Schauspielerin zum Thema „Kreative im Spannungsfeld zwischen Beruf und Berufung." und sie erzählte mir Folgendes: *„Auf der Schauspielschule hatten wir uns alle geschworen, dass wir nie Soaps machen. Wir werden das nie machen! Und dann weiß ich noch genau, wie wir alle in der Garderobe saßen – also Dana, Bea und ich – und dann sagte Bea: ‚Die haben mir diese Soap angeboten. Soll ich das machen? Ich weiß nicht.' Wir so alle: ‚Mach das! Komm, ein Jahr lang richtig Schotter, jeden Tag drehst du und wer weiß, was dann dabei rauskommt!' Und dann hat sie gesagt: ‚Hat doch nicht geklappt.' Und wir: ‚Sei froh! Das wäre ja furchtbar gewesen! Du weißt ja gar nicht, was das für ein Format ist!' Und dann kam sie am nächsten Tag wieder: ‚Die haben sich geirrt, ich bin doch dabei!' Und wir: ‚Super! Richtig gut!' Weißt du? So wird man."* Wird „man" so? Ein Fähnlein im Wind ohne echte Leidenschaften und Überzeugungen? Vollkommen fremdbestimmt von äußeren Vorgaben? Das kann passieren. Angebot und Nachfrage klaffen so weit auseinander wie in kaum einer anderen Branche. Viele Kunstschaffende werden deshalb zum Spielball des Arbeitsmarktes und manche schauen am Ende auf ein ihnen nicht entsprechendes Leben zurück. Und dabei waren sie doch angetreten, ein besonders freies Leben zu führen! Ein Leben, das ihrer Sehnsucht nach dem Ausdruck persönlich bedeutsamer Themen folgt! Was soll man heute einer Schauspielerin, Sängerin, Musikerin, Autorin oder Regisseurin raten, der sich wie Ihnen Türen öffnen, die kommerziellen Erfolg versprechen, an der inneren Berufung aber vorbeisteuern? Ich würde sagen: Gehen Sie hindurch – das bietet sich nicht jedem in diesem Metier. Aber gehen Sie wachsam. Gehen Sie Schritt für Schritt und fragen sich jedes Mal wieder neu: *„Warum tue ich das gerade?"* Können Sie das Eine vielleicht für das Andere nutzen? Macht es einfach Spaß? Gibt es andere gute Gründe? Welche Dosis *„Ich bin nicht ganz ich."* vertragen Sie? Darin unterscheiden sich kreative Persönlichkeiten erheblich und nehmen ihre Gefühle oft nicht ernst genug. Es ist der innere rote Faden, der Sie letztlich durch Ihre Frage hindurchführen muss. Hören Sie aufmerksam in sich hinein und arbeiten Sie parallel weiter an dem, wofür Ihr Herz wirklich schlägt. Dann können Sie auch mal Wege beschreiten, die Ihnen künstlerisch verdächtig erscheinen. Um sagen zu können: *„Das war nicht meins, deshalb habe ich die Weichen anders gestellt."* muss man es auch probieren. Damit sind Sie noch lange nicht für die „wahre" Kunst verloren – auch wenn manche Hüter der Wahrheit Sie darauf festlegen möchten. Es ist heute wie früher eine schwierige Aufgabe, sich ein Künstlerleben zu ermöglichen, das Körper, Geist und Seele gut ernährt. Gourmets, Frutarier, Liebhaber der Hausmannskost – es gibt alles auf dem Markt. Finden Sie heraus, welche Ernährung Sie brauchen, um keine Bauchschmerzen zu bekommen und nachhaltig gesund zu bleiben. Dann müssen Sie sich in der Rückschau nicht quälen (*„Warum habe ich nicht …"*, *„Warum habe ich nur …"*), sondern können die Balance von Beruf und Berufung als Lebensleistung anerkennen und sagen: *„Es war nicht einfach, in dem Beruf zu überleben und mir dabei treu zu bleiben, aber ich habe es gut hinbekommen."*

Abschließend noch eine Anmerkung: Selbstverständlich gibt es in der Kreativbranche Konzepte, die ausschließlich auf den Markt ausgerichtet sind. Es sind Produkte, die auf dem Reißbrett entstehen und sich ausnahmslos daran orientieren, womit die höchsten Verkaufszahlen erreicht werden können. Darauf aufbauend wird das Produkt entwickelt, die Protagonisten werden danach ausgewählt und in das fertige Bild „eingesetzt". Das soll nicht heißen, dass diese Konzepte keinerlei Wert auf Inhalte legen. Aber auch die Inhalte und die künstlerische Qualität sind nur in Bezug auf die Verkaufszahlen relevant – für sich genommen sind sie bedeutungslos. Ich habe das einige Male bei großen Medienkonzernen aus nächster Nähe beobachten können. Ein gangbarer Weg, um unternehmerisch erfolgreich zu sein. Aber kein Weg für eine kreative Persönlichkeit, die den sensiblen Spagat zwischen Beruf und Berufung zu meistern hat. Ich kenne die schwierige Situation, in der Künstler und Künstlerinnen sich befinden, denen ein Angebot gemacht wird, das ihnen eine Reichweite verspricht, die kaum aus eigener Kraft zu erreichen ist. Ich habe bisher nicht erlebt, dass das für sie zum Ziel führte – maximal für kurze Zeit. Umgekehrt kenne ich Kreative, die diesen Schritt zeit ihres Lebens bereut haben.

Spannende künstlerische Produkte bauen auf Herzblut, großen Emotionen, einer beeindruckenden Leistungsbereitschaft und einem hohen Bedeutungsgehalt für die Schaffenden auf. Das Marketing für diese zerbrechliche, pulsierende Ware folgt anderen Gesetzen und dem trägt mein Ansatz Rechnung. Für alle anderen gibt es ein großes Angebot an Lektüre, der andere Prämissen zugrunde liegen.

Die Politik der Viertelstunden – Raum und Zeit finden

Wir haben über die richtige Haltung gesprochen, wir haben Ihren Kompass auf die beste Startrichtung eingenordet. Jetzt wird gearbeitet! Dafür brauchen Sie dreierlei:

1. Raum
2. Zeit
3. Agenda

Raum
Sie brauchen einen Raum für Ihre kreative Person und einen Raum für Ihre *dritte Person*. Ob das zwei unterschiedliche Räume sind, gehört zu den ersten Entscheidungen, die Sie treffen werden. Überlegen Sie gut, welchen Kriterien die beiden Räume genügen müssen. Für darstellende Künstler und Künstlerinnen ist es z. B. von Belang, wer ihnen beim Üben zuhören kann. Über welche Ausstattung müssen die Räume verfügen? Wie sieht es mit den finanziellen Ressourcen dafür aus? Und legen organisationale Umstände den Ort fest?

Es werden bei der Suche nach dem richtigen Raum ganz sicher Probleme auftauchen. Lassen Sie sich nicht entmutigen. Zu Beginn meiner Tätigkeit ließ ich mich immer mal davon überzeugen, dass die Probleme unlösbar seien. Mittlerweile kenne ich so viele kreative, gelungene Lösungen für Arbeitsräume – bei kleinem Geldbeutel und großer Familie – dass ich überzeugt davon bin, dass auch Sie eine Lösung finden werden. Zwei Beispiele:

Ein Pianist hatte zwei wunderbare Flügel in seiner großen Wohnung – alles schien perfekt zu sein. Daher lag es zunächst fern, nach einem zusätzlichen Raum zu suchen, auch weil er dafür kein Geld hätte aufbringen können. Wir stellten aber fest, dass er sich in seinem Mietshaus unfrei fühlte, stundenlang zu üben und auch Fehler zu machen. Wir setzten die Suche nach einem ungestörten Probenraum ganz oben auf die Prioritätenliste. Es dauerte einige Zeit, aber schließlich wurde er in Waldorfschulen und Gemeindezentren fündig.

Zwei Künstlerinnen tauschten für ihre Bürozeit die Wohnungen. In ihren eigenen privaten Räumen waren sie zu abgelenkt. Die notwendigen Daten waren per Laptop gut zu transportieren und als nützliche Nebeneffekte berichteten sie mir davon, dass sie auf diese Weise die Zeiten verbindlicher einhalten mussten und es ihnen darüber hinaus Freude bereitete, ihren Arbeitsplatz aufzuräumen und besonders ansprechend für die Kollegin zu gestalten.

Suchen Sie also Lösungen für Ihre individuellen Probleme, bis Sie Ihren Raum oder die Räume gefunden haben. Gestalten Sie Ihr Arbeitsumfeld so, dass es Ihnen Lust auf die Arbeit macht. Rechnen Sie auch damit, dass Ihre Mitmenschen – Partner und Partnerinnen, Familie, die Wohngemeinschaft oder die Nachbarschaft – nicht sofort am gleichen Strang ziehen. Erklären Sie sich. Kunstschaffende haben häufig das Gefühl, sie dürften nichts für sich in Anspruch nehmen, weil sie meistens (monetär) weniger erwirtschaften. Daher fällt es ihnen schwer, Investitionen zu legitimieren. Ohne Investition – zeitlich, finanziell, gedanklich, emotional – können Sie kein (Selbst-)Marketing betreiben. Mit der Suche nach einem Raum machen Sie den ersten Schritt in diese Richtung.

Zeit

Recherche, Büroarbeit, Bewerbungen, Anträge, die Produktion von Präsentationsmaterial – all das kostet sehr viel Zeit. Und so kann es schnell passieren, dass Selbstmarketing wie ein Ding der Unmöglichkeit erscheint. Es erscheint wie ein Berg, der schon vor der Besteigung allein durch den Blick darauf Erschöpfung auslöst. Dem begegne ich zum einen einmal mehr mit dem Lustprinzip und zum anderen mit der Politik der kleinen Schritte. Kreative wissen häufig nicht, wie viele Zeitfresser es in ihrem Leben gibt. Sie lauern überall, verschwinden aber genauso schnell, wie sie entstanden sind, wenn ein Vorhaben auftaucht, das sie wirklich in den Bann zieht. Dann entdecken sie plötzlich Zeiteinheiten, die sie früher gar nicht als solche erkannt hätten. Allerdings hat das manchmal zur Folge, dass sie ihre Kräfte aus dem Blick verlieren, bis zur Erschöpfung arbeiten und danach umso desillusionierter auf den verbliebenen Berg schauen. Daher sollte Ihre *dritte Person* die Vorzüge des Lustprinzips mit den Vorzügen der kontinuierlichen, kleinen Schritte verbinden.

> Finden Sie Ihr Modell der Zeit- und Tagesstrukturierung.

Wir wissen aus der pädagogischen Psychologie, dass Menschen sich darin unterscheiden, wie sie am besten arbeiten. Die einen lieben es, wenn Musik läuft oder sie im Café-Trubel sitzen, andere brauchen Stille. Den einen hilft es zu wissen, dass ihre Zeit begrenzt ist, andere brauchen ein offenes Ende. In den Schulen versucht man seit einiger Zeit, dieses Wissen in die Unterrichtsgestaltung zu integrieren und den unterschiedlichen Temperamenten, Geschwindigkeiten und

Lerntypen gerecht zu werden. Die Strukturen der Institutionen setzen diesen Bemühungen gewisse Grenzen. Sie hingegen dürfen Ihr Arbeitsumfeld ganz nach Ihrem Geschmack gestalten – nutzen Sie das! Was ist Ihr bevorzugter Modus? Falls Sie das noch nicht wissen, finden Sie es jetzt heraus.

Mein Arbeitsmodus

1. Zeiteinheit
    Definieren Sie für sich klare und realistische Arbeitseinheiten. Probieren Sie verschiedene Modelle aus. Wie verhält es sich mit Ihrer Konzentration? Sind Sie eher ein Lang- oder Kurzstreckentyp? Welche Aufgabe passt am besten zu der Zeiteinheit, die Ihnen gerade zur Verfügung steht?
2. Tageszeit
    Finden Sie heraus, zu welcher Tageszeit Sie für welche Tätigkeit die geeignetste Energie aufbringen können. Einen Text Korrektur zu lesen, die Steuererklärung zu machen, Agenturen zu recherchieren, Telefonate zu führen, ein Lied zu komponieren, eine Vision zu entwickeln – jede Handlung beansprucht andere Ressourcen.
3. Pausen
    Planen Sie Pausen ein, denken Sie daran, ausreichend zu essen und zu trinken. Der eine oder die andere mag darüber lachen, aber Nahrungsaufnahme ist ein häufiges Thema in meinen Beratungen – sowohl für diejenigen, die zu wenig als auch für die, die zu viel essen. Der Flow-Zustand, in den die zweite Person, Ihr Kreativ-Ich, gerät, betäubt nicht nur das Zeitgefühl, sondern auch andere körperliche Empfindungen wie Hunger, Durst oder Schmerz. Rechtzeitige Pausen, ausgewogenes Essen und genügend Flüssigkeit wird Sie effizienter arbeiten lassen.
4. Nach der Arbeit …
    Beobachten Sie, wie sich Ihre Arbeitseinheiten am Folgetag auswirken. Möglicherweise haben Sie sehr lange recherchiert und bemerken erst viel zu spät, dass Ihr Akku vollkommen entleert ist und Sie am kommenden Tag umso schwerer ins Tun kommen. Belohnen Sie sich auch dafür, wenn Sie gut gearbeitet haben.

Ich selbst habe die Kombination aus dem Lustprinzip und der Politik der kleinen Schritte als Strategie der Wahl erlebt, als ich Psychologie studierte, zwei Kinder versorgte und zudem Solo-Musiktheatershows schrieb und auf die Bühne brachte. In der Verbindung der unterschiedlichen Tätigkeiten lag für mich persönlich der Reiz und damit auch der Antrieb. Ich wurde oft gefragt: „Wie machst Du das? So viel auf einmal!". Ich hätte mich in dieser Anerkennung sonnen können, aber ich wusste es besser und dachte, „Wenn Du wüsstest – Nimm mir eine der Säulen weg und ich verliere sofort die Lust." In der Verbindung von Familie, Kunst und Wissenschaft fühlte ich mich am besten als Gesamtpersönlichkeit abgebildet und hatte damit das geeignete Kraftwerk für mich gefunden. Ein Bereich weniger und ich hätte sehr viel mehr Energie aufwenden müssen, um das Gleiche zu erreichen (und hätte es dementsprechend gegebenenfalls gelassen). Ich musste allerdings zugegebenermaßen die begrenzte Zeit, die mir zur Verfügung stand, effizient einsetzen. Und so erfand ich für mich die „Politik der Viertelstunden". Das heißt, jede Einheit, die zumindest 15 ungestörte Minuten für mich bereithielt, erkannte und nutzte ich als eine sinnvolle Arbeitseinheit.

> Machen Sie Selbstmarketing zu einem Teil Ihres täglichen Lebens.

Bürozeit – nie wieder ohne über den Berg

Alle Aufgaben rund um das Thema Selbstmarketing sollen ab sofort einen überschaubaren, aber verlässlichen Teil in Ihrem Leben einnehmen. Dafür möchte ich Ihnen mein Konzept der „Bürozeit" als Leitfaden für die Politik der kleinen Schritte an die Hand geben. In der „Bürozeit" werden alle Aufgaben der *dritten Person* erledigt.

Zeitliche Begrenzung Wer aktuell keine festen Termine hat, dem empfehle ich als zeitliche Begrenzung mindestens eine, höchstens zwei Stunden täglich, mindestens fünf, höchstens sechs Tage pro Woche. D. h. ein Tag in der Woche sollte frei von allen Verpflichtungen sein. Denjenigen, die schon jetzt einen prall gefüllten Terminkalender haben, rate ich, kleine, aber verbindliche zusätzliche Zeiteinheiten zu finden. Die zeitliche Begrenzung ist dabei sehr ernst zu nehmen: unterschätzen Sie nicht, welche Anstrengung Sie die Beschäftigung mit den Aufgaben der *dritten Person* kostet – psychische Anstrengung. Das sollten Sie sich nur in überschaubaren Dosen zumuten.

Rahmenbedingungen Gehen Sie mit dieser Zeit so ernsthaft um wie mit einem Engagement oder Auftrag. Dort würden Sie nicht auf Ihr Handy schauen, nicht essen, sich nicht von privaten Telefonaten stören lassen. Verteidigen Sie diese Zeit auch in Ihrem sozialen Umfeld – der Familie, dem Partner, der Partnerin gegenüber, im Freundeskreis oder der Wohngemeinschaft.

Agenda Nach der Raum- und Zeitfrage geht es nun um Ihre Agenda. Nachfolgend finden Sie die Inhalte, die Sie in Ihrer „Bürozeit" bearbeiten und damit die Aufgaben, die Ihre *dritte Person* übernimmt:

- To-do-Listen (und gegebenenfalls Not-to-do-Listen) erstellen und abarbeiten
- Kurz-, mittel- und langfristige Zeitpläne erstellen
- Recherche von Angeboten, Bewerbungen, Kooperationen, Marktgeschehen
- Private und berufliche Bürokratie
- Materialerstellung und – pflege
- Netzwerkaufbau und – pflege
- Berufliche Telefonate und Mails
- künstlerische, private und wirtschaftliche Bilanzen ziehen
- Social Media

- Entwicklung und Umsetzung von eigenen Marketing-Ideen
- Die Aufgaben aller drei Persönlichkeitsanteile im Blick haben und koordinieren

Ich habe die Bezeichnung „Bürozeit" bewusst gewählt, um klarzustellen, dass man dort keinen Spaß und keine Erfüllung erwarten kann. Das entlastet von der unrealistischen Pflicht, den Aufgaben der *dritten Person* enthusiastisch gegenüber stehen zu müssen. Dennoch möchte ich Sie dazu ermuntern, auch bei den To-do-Listen nach dem Lustprinzip zu verfahren: welche der Aufgaben auf der Agenda löst in diesem Moment am wenigsten Widerstände in Ihnen aus?

Die „Bürozeit" verfolgt die Politik der kleinen, kontinuierlichen Schritte. Sie verfährt nachsichtig und liebevoll mit der kreativen Seele und dennoch konsequent mit dem inneren Schweinehund. Probieren Sie es aus: schon im ersten Monat werden Sie überrascht sein, was Sie erreicht haben, wovor Sie in den Monaten zuvor zurückgeschreckt sind.

ZEITLICHE BEGRENZUNG

- 5-6 Tage pro Woche
- 1-2 Stunden pro Tag

RAHMENBEDINGUNGEN

- keine Störungen
- nach außen als Arbeitszeit vertreten
- muss nicht angenehm sein
- nicht hinterfragen

AUFGABEN

- To-Do-Liste
- Recherche
- Zeitpläne
- Aufgaben an 1., 2. und 3. Person verteilen
- private Bürokratie
- berufliche Mails, Telefonate
- Materialpflege, PR…

Bürozeit

Die Wunschpartnerliste – Netzwerken nach Geschmack

Manchmal bitte ich mein Gegenüber darum, eine „Wunschpartnerliste" anzufertigen. Unter Wunschpartner fallen sowohl Kollegen und Kolleginnen als auch Führungskräfte aus der Regie, Intendanz, musikalischen Leitung, Rollen, Formate, Institutionen, Persönlichkeiten, Häuser, Firmen. Persönlich bekannte und unbekannte, aktuelle, ehemalige. Darauf dürfen Namen versammelt sein, von denen es unrealistisch ist, dass eine Zusammenarbeit zustande kommt – diese Liste wird ohne Realitätsprüfung erstellt. Möglicherweise listen Sie dort Personen auf, von denen Sie aktuell gar nicht wüssten, wie Sie an die Kontaktdaten kommen können. Oder Menschen, deren Namen Sie nicht (mehr) kennen, die Ihnen in einer Produktion, während des Studiums oder der Ausbildung oder in einem Workshop begegnet sind und bei denen Sie bedauern, dass Sie den Kontakt nicht aufrechterhalten haben. Federführend dafür, ob die Person oder Institution dort notiert wird, sollen zwei Kriterien sein:

- A:
  Sie haben ein ehrliches Interesse an der Person oder Institution, das nicht allein auf deren Erfolg basiert.
- B:
  Sie versprechen sich Wachstum – persönlich, kommerziell, künstlerisch – von diesem Kontakt. Hängen Sie diese Liste an einem Ort auf, an dem Sie täglich vorbeigehen wie z. B. am Kühlschrank und ergänzen Sie sie immer wieder um Kontakte, die Ihnen am Herzen liegen, bei denen Sie sich angesprochen, wohl und in Ihrem Element fühlen bzw. glauben, dass es in einer Zusammenarbeit so wäre. Das hat vor allem zwei Funktionen:

1. Auf der Liste steht die Beschreibung Ihres persönlichen Biotops.

Sie lässt ein Bild von der Umgebung entstehen, in der Sie sich wie ein Pinguin im Wasser fühlen würden und entlastet von dem Gefühl der Verpflichtung, auch in der Wüste zur Höchstform auflaufen zu müssen. Dass es schwer zu erreichen ist, unter den erträumten Bedingungen zu arbeiten, wissen wir. Aber damit lässt sich leichter umgehen als mit dem Gefühl, eine Fehlkonstruktion zu sein.

2. Diese Liste sollen Sie zur Hand haben, wenn Sie sie brauchen.

Das ist dann der Fall, wenn Sie bereit sind für neue Marketingaktionen. Zum Beispiel, weil es neues Material oder neue Projekte gibt. Oder weil Sie die Auftragslage verbessern möchten. Weil Sie gerade Zeit dazu haben. Versucht man spontan eine solche Liste zu erstellen, ist es wie mit Restaurants – es fällt einem nicht ein, welches man unbedingt mal ausprobieren wollte und jetzt die Gelegenheit dazu hätte. Deshalb soll die Liste auch peu à peu angereichert werden – immer, wenn Ihnen wieder jemand in den Sinn kommt. Ist der Moment dann gekommen, an dem Sie sie brauchen, schauen Sie auf die Liste und entdecken vielleicht – erneut dem Lustprinzip folgend – einen Namen, bei dem Sie jetzt gerade die Motivation und den Mut haben, Kontakt aufzunehmen. Alle anderen lassen Sie links liegen, bis ein neuer Moment kommt.

> **Drei Ziele und drei Fristen**
>
> Um diesen zweiten Teil abzuschließen, möchte ich Sie darum bitten, drei konkrete Marketingvorhaben zu formulieren und zu notieren. Mögliche Beispiele hierfür wären:
>
> - einen beruflich wichtigen Kontakt herstellen;
> - Präsentationsmaterial erstellen (Pressetexte, Flyer, Visitenkarten, Fotos, Videos, Audio-Demos, Projektskizzen, Modelle);
> - eine Werbeplattform nutzen (wie z. B. eine Messe, Social Media oder andere Netzwerke im Internet, Printmedien, ein Netzwerktreffen);
> - in technische Ausstattung investieren oder
> - Recherche.
>
> Setzen Sie sich für jedes dieser Ziele eine Frist.
> Aber betrachten Sie die Umsetzung auch wie eine Forschungsreise, die Ihnen wichtige Informationen für künftige Marketingaktionen liefert:
>
> - Was fällt Ihnen leicht? Was fällt Ihnen schwer?
> - Wo entdecken Sie Übereinstimmungen mit der Perspektive, die ich hier vertrete und wo unterscheidet sie sich von Ihrer?
> - Erleben Sie Überraschendes?
> - Wer kann Ihnen offene Fragen beantworten?
> - An welchem Punkt wäre Unterstützung hilfreich?
> - Was können Sie selbst bewerkstelligen?
>
> Ziehen Sie am Ende Bilanz, wo Sie Möglichkeiten für Verbesserungen sehen.

Ob Aufwand und Ertrag einer Investition in einem guten Verhältnis zueinander stehen, ist manchmal erst nach Jahren zu beurteilen. Denn Selbstmarketing führt nicht von A nach B. Manchmal ist man bereits bei Q angelangt und auf einmal passiert B als eine Folge von Aktivitäten, die zunächst scheinbar unzusammenhängend waren. Sie sind z. B. bei einer Vernissage oder auf einem Berlinale-Empfang und haben sich „nur" in einer Runde über Pferde oder Oldtimer oder chinesische Medizin oder ihre Kinder unterhalten. Im Nachhinein denken Sie, der Abend wäre auf dem Sofa zu Hause ebenso sinnvoll gewesen. Monate später ist möglicherweise genau diese Information (er kann reiten oder sie hat Zugang zu einer großen Halle, wo Oldtimer stehen) für Sie von Interesse. Oder aber Sie treffen jemanden aus dieser Runde bei dem nächsten Netzwerktreffen wieder und fühlen sich direkt etwas wohler. Es gehört zu den häufigsten Fehlschlüssen, dass Künstler und Künstlerinnen erwarten, dass Werbeaktivitäten direkt spürbare Effekte erzeugen. Das kann sein, muss aber nicht so sein. Ich fragte eine Darstellerin, von der ich wusste, dass sie sehr viel investierte und erfolgreich für sich agierte in einer Runde von Darstellern und Darstellerinnen, ob sie verraten würde, nach welchem Prinzip sie handele. Ihre Antwort: *„Je mehr ich an die Wand werfe, desto mehr bleibt am Ende hängen."*

Schritt 3

Sichtbar sein

Ich kann verstehen, dass es nicht künstlerisch Tätigen enorm schwerfällt zu glauben, wenn Kunstschaffende – vor allem der Darstellenden Kunst – die Begegnung mit der Öffentlichkeit als Belastung empfinden. Das Posieren auf dem roten Teppich, die Selbstdarstellung in einem Interview oder dem Publikum (manchmal täglich) einen persönlichen Einblick zu gewähren. Für die Umwelt erscheint es wie ein Paradoxon: „Seit Jahren bemühst Du Dich um öffentliche Aufmerksamkeit. Endlich nehmen Dich alle wahr und auf einmal willst Du das nicht? Was stimmt nicht mit Dir?". Psychologisch betrachtet ist dieser scheinbare Widerspruch eher ein Beweis dafür, dass alles stimmt, denn die exponierte Position in künstlerischen Berufen ist nur in Teilen mit den Bedürfnissen eines gesunden Menschen kompatibel. Besonders eindrücklich erleben wir das, wenn Menschen prominent werden und deshalb sehr exponiert sind. Und ganz besonders verschärft erleben wir die herausfordernde Wirkung, wenn das schon in jungen Jahren passiert, die Persönlichkeitsentwicklung also noch in den Anfängen steckt.

> Im Fokus der Aufmerksamkeit zu stehen, besonders intensiv, mit wenigen Auszeiten, der eigenen Kontrolle entzogen, ist eine große psychische Herausforderung. Das gilt für alle Menschen – also auch für Kreative.

Gemeinhin wird angenommen, dass Künstler und Künstlerinnen sich hierin von der Durchschnittsbevölkerung unterscheiden. Doch das ist ein Irrtum, der sich unglücklicherweise hartnäckig hält und zur Folge hat, dass sie häufig allein sind, wenn zu viel Öffentlichkeit sie überfordert. Die größte Enttäuschung richten sie dabei gegen sich selbst, da sie in der Regel von sich erwarten, dem gewachsen zu sein. Zudem reagiert ihre Umwelt verständnislos. Die meisten denken, Menschen mit einer künstlerischen Ader seien extravertierte, exhibitionistisch und narzisstisch angehauchte Persönlichkeiten, die es lieben, sich jederzeit möglichst grenzenlos zu offenbaren. Nein. Sind sie nicht. Das Gegenteil ist sogar oft der Fall. Bei kommerziell sehr erfolgreichen Künstlern und Künstlerinnen kommt manchmal erschwerend hinzu, dass ein großer Teil der Familie und des Freundeskreises existenziell von dieser „Firma" abhängig ist und auf dem Prominenten nicht nur der eigene sondern auch der Existenzdruck der wichtigsten Bezugspersonen lastet.

Ein besonders tragisches Beispiel dafür, mit welchem Unverständnis das Umfeld auf die Überforderung eines Künstlers reagieren kann, ist in der Dokumentation „Avicii – True Stories" nachzuvollziehen. Es wird die Geschichte des Zusammenbruches des DJ Avicii erzählt, die vermeintlich in ein Happy End mündet: er zieht sich zurück und gönnt sich die dringend benötigte Auszeit. Der Film endet hier. Kurze Zeit, nachdem ein Streamingdienst die Dokumentation veröffentlicht hatte, wurde bekannt, dass Avicii unter mysteriösen Umständen verstarb. Die Familie habe angedeutet, dass er sich suizidiert habe. Nun muss man biografische Inhalte, die ausschließlich über die Medien zugänglich sind, immer auch skeptisch betrachten. In diesem Fall jedoch erleben wir in der Dokumentation sozusagen „live" mit, wie Avicii immer wieder betont, dass es unerträglich für ihn geworden ist, sich der Öffentlichkeit zu zeigen und damit bei den Anwesenden nur ungläubiges Abwinken auslöst. Die Tatsache, dass er einige Minuten nach seiner verzweifelten Aussage ein Konzert vor unzähligen Menschen absolviert, dient den Beteiligten als Beweis dafür, dass seine Klage unmöglich stimmen kann. Sie wird als vorrübergehendes Lampenfieber interpretiert. Ein fataler Irrtum.

Für viele Künstler und Künstlerinnen bleibt es zeitlebens eine Herausforderung, einen gesunden Weg im Umgang mit den Spannungen, die ein Leben in der Öffentlichkeit bedeutet, zu finden. Häufig nutzen sie die Kunst als Ventil, um Introvertiertheit, Schüchternheit oder Verschlossenheit zu überwinden und sich über den Kanal des künstlerischen Ausdrucks dennoch mitteilen zu können. Oder das Innenleben gleicht einem Vulkan, der sich nicht ohne weiteres in einem sozial konformen Alltagsleben ausdrücken lassen würde. Es ist ein bisschen wie „Die Geister, die ich rief …": Kunstschaffende möchten, dass ihr Produkt verschlungen wird, als Personen möchten sie das aber aus sicherer Entfernung erleben. Die Nähe von Produkt und Person erschwert die Distanz und umso wichtiger ist es, hier strategisch vorzubauen. Darin besteht ein weiterer Nutzen aus dem Konzept der ersten, zweiten und *dritten Person*: es lässt sich genauer bestimmen, welcher Persönlichkeitsanteil gerne im Zentrum der Aufmerksamkeit steht und ob die beiden anderen da mitgehen können. Widmet man sich diesen Fragen nicht differenziert, wundert man sich z. B. möglicherweise ein Leben lang, warum der Applaus am Ende einer Vorstellung oder eines Konzertes zu den unerträglichsten Momenten des Berufs gehört, wie es nicht selten berichtet wird.

Zwischenbilanz vor dem Endspurt
Sie haben im ersten Schritt eine stützende Grundhaltung gefunden und sind im zweiten bereits ins praktische Tun gekommen. Damit sind Sie nun für den dritten Schritt – das Sichtbarsein – bestens ausgestattet:

1. Sie betrachten sich und Ihre Kunst als einen Schatz, den es zu pflegen gilt.
2. Sie verzeihen sich, wenn Selbstmarketing Ihnen nicht locker von der Hand geht, sondern strategisches Denken und diszipliniertes Vorgehen erfordert.
3. Sie schauen auf Ihr Leben als Künstler bzw. Künstlerin wie auf ein Unternehmen, für dessen Erfolg ein Team gebraucht wird.
4. Sie gestatten sich, nach dem Lustprinzip vorzugehen: d. h. Sie suchen in allem, was zu tun ist, den Aspekt, der Sie am ehesten reizt und beginnen dort.
5. Sie haben sich ungestörten Arbeitsraum geschaffen – für die künstlerische Tätigkeit und die Bürozeit.
6. Sie haben diese Räume mit den notwendigen Materialien ausgestattet.
7. Sie verfügen über einen Zeitplan mit Arbeitseinheiten, denen Sie unterschiedliche Aufgabenbereiche zugeordnet haben.
8. Sie haben eine Agenda erstellt mit kurz-, mittel- und langfristigen Aufgaben.
9. Bei alldem bleiben Sie eine kreative Persönlichkeit und sind jederzeit bereit, die Pläne und Aufgaben flexibel, individuell und phantasievoll zu gestalten.

Auf diesem Fundament stehen die Chancen gut, dass Sie das, was jetzt kommt, tatsächlich und über längere Zeit tun. Wir wenden uns im Folgenden den konkreten Marketingaspekten zu, die der eine oder die andere möglicherweise bereits am Anfang des Buches erwartet hatte:

- Wie werden Sie Teil Ihres Business und was bedeutet das für Sie?
- Welches Präsentationsmaterial sollten Sie erstellen, welches ist nicht notwendig?
- Wie vertreten Sie Ihre vertraglichen Forderungen?
- Um welche Unterstützung möchten Sie Ihr inneres Team aus erster, zweiter und *dritter Person* ergänzen?

Leben im Business – Wer ist wer und tut was, und warum Sie das wissen sollten

Das künstlerische Metier hat mir viele Gelegenheiten geboten, mich zu wundern. Über Besetzungen, über Moden, über Kommunikationsstile, über Erfolge und Misserfolge. Vieles erscheint unberechenbar, intransparent, unfair, manches sogar grausam. Aber es gibt einen Aspekt, der mich denken lässt, dass dieses schwer zu fassende Business auch Gerechtigkeit kennt:

> Diejenigen, die am meisten investieren, kommen in der Regel auch am weitesten.

Dass ich mittlerweile diese Überzeugung vertrete, wurde mir bewusst, als ich in einem Interview auf die Frage: „Woran liegt es, dass einige erfolgreicher sind als andere?" nicht wie sonst mit den Achseln gezuckt, sondern geantwortet habe: „An der Menge des Inputs, am Durchhaltevermögen und an der Pflege der kreativen Substanz." Es klingt simpel, ist es aber nicht. Es wird immer ein faszinierendes Geheimnis großer Karrieren bleiben, wie sie ent-

standen sind. Woher nimmt jemand die Kraft? Wie entstehen Ideen? Und kongeniale Partnerschaften? Was lässt jemanden täglich um 4:30 Uhr aufstehen und bis Mitternacht hart arbeiten? Was bringt Menschen dazu, hohe finanzielle und persönliche Risiken einzugehen? Warum schafft es jemand, tiefe Ängste zu überwinden?
Ich stelle zwei Behauptungen auf:

1. Kreative werden zweifach für ihre Anstrengungen belohnt – durch die persönliche Befriedigung und den zunehmenden äußeren Erfolg.
2. Bleibt eines von beidem bei hohem Input über Jahre aus, ist es Zeit für eine gründliche Bilanz.

Wer sein Genre liebt und sich in vollem Umfang Expertise darin erwirbt, wird zurückgeliebt werden. Filmschaffende sollten gerne Filme sehen und daher auch wissen, wer gerade woran arbeitet und warum. Sie sollten ein Festival besuchen, weil sie dort Menschen treffen und Filme sehen können, die sie interessieren und nicht, weil sie bezwecken, einen Job zu bekommen. Entscheidungsgremien, Beschäftigte, Arbeitgeber und Arbeitgeberinnen der Kreativbranche erkennen schnell, wer sich wie sie selbst der Sache verschrieben hat und wer nur mal kurz zu Besuch gekommen ist. Hingabe, Leidenschaft und überdurchschnittlicher Einsatz werden erwartet aber auch belohnt. Damit legitimieren und würdigen diejenigen, die eine Auswahl treffen, auch ihren eigenen Aufwand. Kommt also jemand vorbei und sagt: „Ich singe Pop, finde aber Oper auch ganz lustig und würde jetzt bei Ihnen gerne die Carmen singen." wird das nicht so gern gesehen – selbst wenn die Sängerin es gesangstechnisch bewältigen würde. Einerseits passieren durch diese Haltung Fehler, wie z. B., wenn Musicaldarstellern und -darstellerinnen nicht zugestanden wird, dass sie Schauspielen können. Oder wenn spannende Talente die

Kriterien vorgegebener Schubladen nicht erfüllen, ihrer Zeit vielleicht voraus sind und damit die bestehenden Ideale nicht erfüllen. Andererseits bedeutet es für Sie, dass Sie mit einer klaren Eingrenzung und Bevölkerung Ihres Biotops Ihre Investitionen bündeln und Erfolgschancen maximieren können. Werden Sie also Teil Ihres Metiers!

> **Übung Branchenwissen**
>
> Was genau Ihr Metier ist, müssen Sie zunächst einmal herausfinden. Um es dann – Ihrem persönlichen, authentischen Interesse entsprechend – beleben zu können.
> Fragen Sie sich:
>
> - Welche wichtigen Branchenevents gibt es?
> - Wie gut kennen Sie die angrenzenden Gewerke und Institutionen Ihrer Kunstform (Bühnenbild, Kamera, Tontechnik, Grafik, Fotografie, Weiterbildungsinstitute, …)?
> - Wissen Sie, welche Berufsverbände, Verwertungsgesellschaften und Versicherungen für Sie nützlich sein können (GVL, GEMA, VG Wort, BFFS, GDBA, KSK …) bzw. wo Sie Informationen dazu erhalten?
> - Sind Sie mit den aktuellen Strömungen und Entwicklungen Ihres Genres vertraut?
> - Wie sieht es berufspolitisch aus – kennen Sie Ihre Rechte und Pflichten?
> - Wissen Sie, in welchen Medien die für Ihre Branche aktuellen Informationen zu finden sind?
> - Haben Sie einen persönlichen Standpunkt dazu?
> - Vertreten Sie ihn – ob öffentlich oder nicht, in größerem oder in kleinerem Rahmen?
> - Kennen Sie wichtige Preise, Stipendien, Fördermöglichkeiten Ihrer Branche?
>
> Gedanken und Recherchen wie diese sollen künftig Ihre Bürozeiten füllen. Richten Sie diese übergreifenden Fragen auf Ihr spezifisches Fach aus. Betrachten Sie die praktische Beschäftigung damit wie ein Zusatzstudium, in dem Sie sich selbst die Stempel für die absolvierten Kurse geben. Legen Sie auch Dokumente zu allen Fragen an und aktualisieren Sie sie von Zeit zu Zeit.

Wenn sich Ihnen bei dieser Übung ein Berg aufzutürmen scheint, vor dessen Besteigung Sie schon jetzt erschöpft zurückschrecken, besinnen Sie sich erneut auf die Politik der kleinen Schritte: nehmen Sie sich für jede Bürozeit einen klar umrissenen, kleinen Teil vor und vertiefen Sie Ihr Wissen ein kleines Stück mehr. In der Regel ist nur der Einstieg in einen neuen, vielleicht ungeliebten Themenbereich schwer – Sie haben Ihren Beruf gewählt, weil Sie dafür brennen, dieses Gefühl wird nach einer ersten Phase des „Fremdelns" wieder die Führung übernehmen.

Es geht nicht darum, all das wie eine Bürde mit sich herumzutragen: „Schon wieder ein neuer Artikel, den ich nicht gelesen habe." „Heute Abend ist dieses Event. Was soll ich da? Aber ich muss ja!". Das würde allem widersprechen, was ich bisher vertreten habe. Hier geht es um den feinen Unterschied, warum Sie sich gegen das Abonnement eines Branchenmagazins, eine Weiterbildung oder den Besuch eines Events entscheiden. Tun Sie es, weil Sie über genügend Informationen und Erfahrungen verfügen, um einzuschätzen, was nützlich oder notwendig ist oder weil Sie der Herausforderung ausweichen möchten? Entwickeln Sie im Laufe Ihres Berufslebens Ihre persönliche Position zu Ihrem Metier und setzen Sie sie dann in konkrete Handlungen um. Sie möchten unpolitisch bleiben, weil Ihnen das entspricht? Dann äußern Sie sich nicht zu politischen Themen. Lernen Sie Branchenevents vor Ort kennen, bilden Sie sich eine Meinung dazu und wählen Sie aus, woran Sie künftig teilnehmen möchten. Gestalten Sie sich Ihr ganz persönliches Leben in Ihrem Business.

> Wichtig ist nicht, dass Sie alles tun und überall sind, sondern dass Sie sich auskennen und bewusst entscheiden.

Viele Künstler und Künstlerinnen fürchten genau diesen Teil Ihres Berufslebens und bringen sich damit um wichtige Ressourcen, weil sie z. B. Netzwerktreffen oder Diskussionen meiden. Man kann es auch so formulieren: Wenn Sie in einem Metier erfolgreich sein wollen, dürfen Sie nicht davor fliehen. Je eher Sie sich daher bewusst die Stellen suchen, die diesen Fluchtreflex am wenigsten auslösen, desto besser.

Exkurs 1: Not me! – Was #metoo mit Selbstmarketing zu tun hat

Leben im künstlerischen Business heißt heute auch, sich mit #metoo auseinanderzusetzen. Das gilt für alle Beteiligten der Kreativbranche. Ich wurde in der Hochphase der Debatte immer wieder einmal als psychologische Expertin um eine Einordnung der Berichte und Vorgänge z. B. bezüglich Harvey Weinstein, Kevin Spacey oder Dieter Wedel gebeten. Leider bezog sich das Interesse dabei eher auf plakative Erfahrungsberichte, die Bestätigung vorhandener Klischees oder simplifizierte Positionen. Daraus entstand bei mir der Wunsch, mich differenzierter dazu zu äußern und vor allem auch Lösungsansätze zu bieten. Ich recherchierte selbst und interviewte Repräsentanten und Repräsentantinnen unterschiedlicher Berufe im künstlerischen Metier zu ihren Erfahrungen und Haltungen. Darunter waren Beschäftigte aus den Bereichen Regie, Casting, Redaktion, Ausbildung, Produktion sowie Darsteller und Darstellerinnen. Die Erkenntnisse, die ich daraus zog, was den Nährboden für sexuelle Übergriffe und Machtmissbrauch im künstlerischen Metier fördert und wie wir das ändern könnten, möchte ich im Folgenden genauer ausführen.

© Der/die Autor(en), exklusiv lizenziert durch Springer-Verlag GmbH, DE, ein Teil von Springer Nature 2021
A. Gause, *Anbieten ohne Anbiedern - Selbstmarketing für Kreative*, https://doi.org/10.1007/978-3-662-62911-6_13

Dieses Buch beschäftigt sich mit der Frage, wie kreative Persönlichkeiten sich und Ihre Kunst anbieten können, ohne ein Gefühl des Anbiederns dabei zu entwickeln. Der Unterschied zwischen beidem besteht im Grad der Würde. Und um Würde geht es auch, wenn ein Verhalten unangemessen, übergriffig oder verletzend ist. Oder wenn ein Kompliment diese Bezeichnung nicht verdient. Nicht zufällig nutzen Künstler und Künstlerinnen manchmal den Ausdruck „Prostitution", um mir zu verdeutlichen, wie schwer es ihnen fällt, für sich zu werben. Denn sie müssen dafür ihren Schutzraum verlassen, sich zeigen und damit auch einen Teil ihrer Kontrolle abgeben und sich ausliefern. Das Produkt von Kunstschaffenden besteht in großen Teilen aus persönlichen, man kann sagen intimen Inhalten, die in verantwortungsvolle Hände gehören. Gibt es dafür einen würdevollen Raum, entstehen beeindruckende, anrührende Höchstleistungen. Weil Kreative tief in sich hineinsteigen und dem Publikum, der Leserschaft, den Kunstliebhabern und -liebhaberinnen damit Einsichten und Erlebnisse vermitteln, die über das hinausgehen, was sie in ihrem Alltag oder überhaupt erfahren können. Was Kreative von sich zur Verfügung stellen, dazu hat man im wirklichen Leben selten Zugang. Das ist ein zentraler Grund dafür, warum wir Kunst lieben. Und deshalb plädiere ich dafür, besonders auf den Schutz der Akteure und Akteurinnen bedacht zu sein, um diese außergewöhnlichen Einblicke nicht zu gefährden. Es gibt viele künstlerische Arbeitskontexte, in denen das gelingt. Das kreative Metier bietet jedoch auch einen „guten" Nährboden für einen unverantwortlichen Umgang mit dieser Verwundbarkeit. Ein Buch, das sich mit Selbstmarketing in der Kreativbranche beschäftigt, kann dieses Thema nicht auslassen. Denn einer der Gründe dafür, warum es Künstlern und Künstlerinnen manchmal so schwerfällt, für sich selbst zu werben, ist, dass viele bereits beruflichen Machtmissbrauch erfahren oder beobachtet haben.

> Selbstmarketing und #metoo hängen insofern unmittelbar zusammen, als es typischerweise Situationen des Selbstmarketings sind, in denen Übergriffe passieren.

Selbst dann, wenn Sie bisher noch nicht mit dem Thema in Berührung gekommen sind, wirkt sich #metoo auf Ihr Selbstmarketing aus. Denn die dadurch angeregte Diskussion darüber, welchen Umgang wir uns miteinander wünschen, hat einen direkten Einfluss auf verbesserte Arbeitsbedingungen im kreativen Metier. Ein angenehmes Arbeitsklima ermuntert Sie dazu, sich in „die Arena zu wagen". Eine erhöhte Sensibilität schützt Sie dabei.

#metoo

Der hashtag #metoo ebnete in besonderer Weise den Weg für eine neue Ernsthaftigkeit der Auseinandersetzung mit sexualisierter Gewalt und Machtmissbrauch im Künstlermetier. Es reduzierte die unzähligen Schattierungen der Grenzüberschreitungen auf zwei Silben. Betroffene, die bisher davor zurückgeschreckt waren, sich zu äußern, weil sie nicht einordnen konnten, ob das, was sie erlebt hatten, relevant für die Öffentlichkeit, ihr Umfeld oder ein Gericht war, bekamen eine Plattform, sich zu bekennen, ohne diese Entscheidung final treffen zu müssen. Die Zahl der Betroffenen schoss für alle sichtbar in die Höhe und viele, die bisher geglaubt hatten, keinen eigenen Anlass zur Beschäftigung mit diesem Thema zu haben, mussten umdenken. Das Ausmaß der Verbreitung durch #metoo stärkte denjenigen den Rücken, die mit der Veröffentlichung ihrer Geschichte eine mediale Lawine auslösten. Denn in den prominenten Fällen bedeutete das für die Betroffenen eine weitere Angriffswelle. Neben Verleumdungsklagen und beruflichem

Schaden hielt auch die öffentliche Meinung nicht hinter dem Berg:

> „Warum kommen die denn jetzt alle damit an? Nach all den Jahren?"
> „Die wollen doch nur aus Frust über die eigene Erfolglosigkeit Schaden anrichten."
> „Kein Sinn für Humor."
> „Darf man jetzt nicht mal mehr Komplimente machen?"
> „Der hätte das doch gar nicht nötig gehabt."
> „Hochgeschlafen. Kennt man ja."

#metoo fordert(e) alle Beteiligten des Metiers auf, sich zu positionieren. Angeregt durch meine eigenen Recherchen erinnerte ich mich daran, dass mir die ungeschriebenen Gesetze schon lange vor dem Einstieg in den Beruf begegnet waren:

Ich war 16 – Kurs Darstellendes Spiel im Gymnasium. Unser Lehrer wälzte sich genüsslich auf einer Mitschülerin herum, während er alles an ihr anfasste, wonach ihm war. Wir lachten alle über seine Peinlichkeit – sie auch. Der Kurs hatte sich allerdings dadurch für sie erledigt – wir anderen blieben.

Ich war 18, hatte gerade die Aufnahmeprüfung auf der Schauspielschule bestanden und saß im Café einem Regisseur gegenüber, der mich bat aufzustehen und mich einige Male um die eigene Achse zu drehen. Er entschied, mich zu seinen Dreharbeiten nach Dänemark mitnehmen zu wollen. Ich müsse nur mit ihm das Hotelzimmer teilen. Ich war angeekelt, erzählte meinen Freundinnen davon wie von einem spannenden Horrorfilm. Wir waren uns einig, wer hier wie zu bewerten war. Dennoch speicherte ich diese Begegnung unter dem Label „So also verläuft die Vorstellung bei einem Regisseur." ab.

Ich war 20 – in der Schauspielausbildung führte uns der Schauspiellehrer durch das Warm-Up: *„Atmet durchs Arschloch ein. Gerade die Weiber unter Euch – blast die Titten auf – macht Euch frei."* Ich atmete brav und unterdrückte den Brechreiz.

Das Unbehagen ob seines „wordings" interpretierte ich als ein offensichtliches Zeichen meiner bürgerlichen Verklemmung.

So könnte ich immer weitererzählen. Über mich, über andere. Unangenehmes, aber harmloses Zeug. Verfehlte Komplimente. Und Schlimmeres bis hin zu Straftatbeständen, manche davon angezeigt, keine geahndet. Aber darum geht es nicht. Ich verfolge mit diesem Exkurs drei Ziele:

1. Ein Bewusstsein für den Nährboden zu schaffen, der Übergriffe im künstlerischen Bereich begünstigt.
2. Schritte zu benennen, die es braucht, um diesen Nährboden besser zu kontrollieren.
3. Zu informieren. Gerade den weniger Erfahrenen unter Ihnen möchte ich vermitteln, dass Sie Ihrem Gefühl trauen dürfen: was sich falsch anfühlt, wird mit größter Wahrscheinlichkeit auch falsch sein.

Vorab sei noch einmal festgehalten: sexuelle Übergriffe haben nichts mit Erotik, Liebesspiel, Flirt oder einer interessanten Spannung zwischen zwei Menschen zu tun, sondern mit Macht. Eine(r) tut etwas, was ein(e) Andere(r) nicht möchte, der/die es entweder zulässt, weil er/sie ansonsten aus dem Machtgefüge oder Abhängigkeitsverhältnis einen Nachteil befürchten muss oder abwehrt – mit eben diesem Effekt.

Der Nährboden
Als Beteiligte des künstlerischen Marktes befinden Sie sich in einem Abhängigkeitsverhältnis und das macht Sie besonders verletzlich für Grenzüberschreitungen und Machtmissbrauch. Das gilt für jeden Lebensbereich, in dem Zugänge zu Ressourcen schwer erreichbar sind. Branchenevents würden sich für Sie in Sekundenschnelle anders anfühlen, wenn Ihre Berufsbezeichnung auf dem Namensschildchen Entscheidungsmacht signalisieren würde. Würden auf dem Event nur die Berufsbezeichnungen vertauscht, wären die Menschen zwar dieselben, aber ihre Rollen andere und

damit auch das Machtgefüge, in dem Sie einander begegnen und agieren.

> Machen Sie sich bewusst, dass längst über das hierarchische Gefüge in Ihrem Business entschieden worden ist, wenn Sie hinzukommen.

Sollte eines Tages die Zahl der Kunstschaffenden weit unter den Bedarf der Kulturinstitutionen und des Publikums fallen, wird sich uns ein vollkommen anderes Bild bieten. Doch diese Zeiten werde zumindest ich nicht mehr erleben. Ihre Aufgabe ist es daher vielmehr, mit dem vorherrschenden Verhältnis von Angebot und Nachfrage strategisch und selbstfürsorglich umzugehen. Auch hier gilt: je besser Sie informiert und vorbereitet sind, desto (selbst-)bewusster werden Sie auch mit schwierigen Situationen des Selbstmarketings umgehen können.

Es gibt vier Aspekte, die den Nährboden für Grenzüberschreitungen und Machtmissbrauch im künstlerischen Metier begünstigen und zudem die Gegenwehr erschweren:

1. **Je weniger gemeinsame Regeln und Werte vereinbart werden, desto eher greifen Menschen auf sozial unerwünschtes Verhalten zurück.**

Das Künstlermetier ist stolz auf seinen unkonventionellen Umgang mit Regeln und Grenzen. Wo dies beginnt, wo es aufhört, wann es sinnvoll und wann es schädlich ist, dieser Feinanalyse widmet man sich nur sporadisch und intuitiv. Ich habe eine Betroffene gefragt, ob es ihr geholfen hätte, wenn sie rechtzeitig darüber informiert worden wäre, was üblich ist und was nicht. Dass es z. B. nicht üblich ist, sich bei einer Agentur ausziehen zu müssen, wie es von ihr verlangt wurde. Sie war sich nicht sicher, weil sie trotzdem

möglicherweise gedacht hätte: „*Gut, üblich ist das nicht, aber hier scheint das offenbar so zu sein. Diese Agentur ist etwas Besonderes. Wenn ich das will, muss ich das bringen.*"
2. **Je höher der Druck, desto eher sind Menschen bereit, vereinbarte Regeln und Werte über Bord zu werfen.**

Künstler und Künstlerinnen stehen aus mehreren Gründen unter einem hohen Druck:

- Der Arbeitsmarkt ist besonders eng.
- Das verstärkt die Abhängigkeitsverhältnisse und das wiederum den Druck.
- Die Identifikation mit und Sehnsucht nach Arbeit ist besonders hoch. Nicht zu spielen gleicht dem Gefühl, nicht wirklich zu leben. Umgekehrt vermittelt das Spiel ein Gefühl von Lebendigkeit. Privatperson und berufliche Person verschmelzen leichter als in anderen Berufszweigen.
- Kunstschaffende befinden sich unablässig in einer Bewerbungssituation.

3. **Menschen handeln so, dass es ihnen einen persönlichen Nutzen verspricht.**

Betrachten wir es einmal ganz nüchtern: Macht und sexuelle Attraktivität sind im Kreativmetier als wirksame Zahlungsmittel zu verstehen, um einen persönlichen Nutzen zu erreichen. Das mag nicht edel sein, ist aber menschlich. Werden sie jedoch zur einzigen Währung zwischen zwei Menschen, steigt das Risiko eines Übergriffs. Es sollte dabei aber nicht vergessen werden: bei einem Geschäft sind beide Seiten dazu berechtigt, zu werben und zu verhandeln – zum Abschluss kommt es dennoch erst, wenn beide Parteien bei vollem Bewusstsein und aus freiem Willen zugestimmt haben.

4. Für Künstler und Künstlerinnen ist während der Arbeit der Zugriff auf psychische Selbstverteidigungsmechanismen erschwert.

Ich nenne es die „Achillesferse des Künstlers" (für Interessierte: ausführlich gehe ich darauf in meinem Buch „Kompass für Künstler" ein): Kreative müssen sich für ihre Arbeit emotional empfänglich und durchlässig halten. Psychische Schutzschilder aufzubauen, geht auf Kosten ihrer Ausdrucksmöglichkeiten. Flucht, Rebellion, Verweigerung – Reaktionen, die in vielen anderen Berufszweigen eine Schutzfunktion bieten, bedeuten für sie eine Einschränkung ihres Arbeitsmaterials.

Eindrücklich beschreibt diesen zuletzt genannten Aspekt eine Schauspielerin, die sich den offensiven Avancen eines Regisseurs widersetzt hatte und im Anschluss daran monatelange demütigende Filmarbeiten mit ihm durchlitt. Von der Produktion versprach sie sich zu Recht große Aufmerksamkeit und stand daher unter hohem Druck, eine gute Leistung zu bringen. Dieser Druck, gut, d. h. im Spiel offen und durchlässig zu sein, machte es ihr schwer, sich während des Drehs innerlich oder äußerlich von den Angriffen des Regisseurs zu distanzieren: *„In dem Moment, wo einer hinter der Kamera sagt „Hmm, kommt einfach nicht genug", würde ich das immer mir als Schauspielerin ankreiden. Würde ich mich immer schlecht fühlen und könnte das nicht wegschieben. Das Schlimme ist natürlich, dass ich ihn als sehr guten Regisseur erlebt habe und auch während er mich fertig gemacht hat, mit den anderen als guten Regisseur erlebt habe, der in der Lage ist, Qualität zu erkennen. Und natürlich ist dann Tür und Tor geöffnet, dann bist Du ja total ausgeliefert. Alle im Team haben damals zu mir gesagt „Ist doch klar, was hier los ist, jetzt nimm Dir das doch nicht so zu Herzen." Aber das geht dann nicht. Und wenn der dann Deine kleine Verspannung erkennt und sagt „Nichts. Tut mir leid, da ist nichts."*

dann glaubt man das natürlich. Alle hingen ja wie Lämmer an seinen Lippen."

Es kann nicht oft genug wiederholt werden: künstlerische Arbeit erfordert einen besonderen Schutzraum. Ist dieser Schutz vorhanden, wird der persönliche Einsatz erfüllend erlebt. Gibt es keinen Schutz, muss es ohne gehen. Eine sehr erfahrene und erfolgreiche Schauspielerin beschreibt diesen Fall: *„Mich hat zum Beispiel ein Regisseur als bereits über 50-Jährige eine Telefonsex-Szene ewig lange weiterimprovisieren lassen: er hat einfach minutenlang nicht „cut" oder „Danke" ´gesagt. Die Herren im Team haben sich über die dicke Alte, die da einen Geschlechtsakt faked, gekugelt vor Lachen. Ich hab mich selten in meinem Leben so erniedrigt gefühlt, aber meine preußische Arbeitsethik hat es einfach nicht zugelassen, die Szene abzubrechen. Ich hab mich zwar anschließend bei der Produktionsleitung beschwert, aber die überwältigenden Schamgefühle in der entsprechenden Situation hat das natürlich nicht wettgemacht."* In der Regel überwinden professionell tätige Künstler und Künstlerinnen ihre Abwehr oder Scham und werden den Anforderungen nach außen gerecht. Sie betrachten es als Teil ihrer Aufgabe. Wohin diese vermeintliche Professionalität führt, werde ich nachfolgend anhand eines Beispiels verdeutlichen. Langfristig bleiben diese Zumutungen nicht ohne Folgen. Sie füllen das innere Gefäß der Kränkungen und die Umwelt wundert sich, wenn Kostümproben, Gelächter oder vermeintlich unwichtige Bemerkungen („Jetzt mach Dich mal locker." „Sexy, Dein Outfit." „Geht das auch mit etwas mehr Sinnlichkeit?") sich als Minenfelder entpuppen.

Das Beispiel: Eine Schauspielschülerin suchte das Gespräch mit mir – sie hat ihren Fall bei unterschiedlichen Anlaufstellen gemeldet und mir gestattet, aus dem Schreiben zu zitieren: *„In meinem dritten Semester der Schauspielschule … im Alter von 22 Jahren wurde ich in die Agentur … aufgenommen. Anfang des Jahres 2017 lud mich Herr … in* *ein Hostel ein .... Als ich ihn dort antraf, meinte er, er treffe sich nur mit jenen Mitgliedern seiner Agentur, die besonderes Engagement zeigen und bei denen er besonderes Potential sieht. ... Er meinte, es sei ihm wichtig, bei Anfragen für Schauspielerinnen seiner Agentur dafür garantieren zu können, dass sich diese zu freizügigen Castingsituationen und Drehtagen bereit erklären und trauen. Von dieser Motivation und meinem Engagement wollte er sich also selbst überzeugen und setzte mich somit unter Druck, mich in seinem Hostelzimmer und in seinem Beisein auszuziehen. Erst ging ich dieser Aufforderung mit einem Themenwechsel aus dem Weg, doch dann wurde er energischer und fragte direkter, während er mir versicherte, dass ich angeblich keine Frau seines Geschmacks und Alters sei, da ich ihm zu jung war, weswegen die Hemmschwelle doch auch leichter zu durchbrechen sei. ... Er selbst saß auf einem Stuhl und meinte, ich solle mich vor dem Spiegel ausziehen. Dieser letzten Aufforderung kam ich nach Hadern nach, da ich mich unter extremem Druck befand, mich in diesem Moment zu beweisen, da er mir versicherte, er würde mich ansonsten niemals für aussagekräftige Rollen, sondern lediglich für Komparsen-Engagements besetzen lassen. In Unterwäsche vor dem Spiegel stehend und dort bereits schon meine eigene persönliche Grenze überschreitend fragte ich ihn, ob dies schon genüge, doch er wollte mich komplett nackt sehen, um zu testen, wie mutig ich sei. Er kommentierte mich mit den Worten: „Du hast zwar wenig Oberweite und Po, aber das Gesamtbild passt ja." Ich zog anschließend auch meine Unterwäsche aus, dann kam er auf mich zu, stellte sich links hinter mich und legte seine linke Hand auf meine Brust und fragte mich: „... Jetzt schau in den Spiegel und sag mir, was Du siehst und was Dir an der Person im Spiegelbild (mir) gefällt." ... Er behielt seine Hand die ganze Zeit auf meiner Brust. Nach meiner Antwort nahm er seine Hand weg, ich zog mich direkt und sehr schnell wieder an. ... Er wollte mich nicht gehen lassen und daraufhin musste ich energischer auf meinen Zeitdruck hinweisen, um dieser Situation und Konversation ohne Eskalation zu entkommen. … Bis vor kurzem habe ich über diesen Vorfall mit keinem Menschen sprechen können, da ich Angst hatte, mich jemandem anzuvertrauen und verurteilt zu werden."*

Nachdem sie mich aufgesucht hatte, fragte ich bei drei mir bekannten Schauspielerinnen nach, die mit diesem Agenten zu tun haben oder hatten und bekam folgende Antworten:

„Ich kann absolut nichts von dem, was Du geschrieben hast, bestätigen. Ich frage mich ehrlich gesagt auch, wer so einen Blödsinn rumerzählt."

„Ein klares Nein von mir. Alles andere wäre üble Nachrede, auch da muss Frau vorsichtig sein."

„Ich hatte Gerüchte darüber gehört, dass er Schauspielerinnen für „Kamera-Workshops" ins Hotel einladen würde. Ich selbst war nicht davon betroffen. … Es ging immer sehr viel um das Thema Nacktheit vor der Kamera. Generell hat er sich sehr unprofessionell verhalten, was ich lange Zeit nicht wahrhaben wollte. Ich bin froh, aus der Agentur ausgetreten zu sein."

Ich hatte nicht an der Authentizität der Aussage der Schauspielschülerin gezweifelt, dennoch stellte sich für mich die Frage: Reicht das, um der Sache nachzugehen, wenn die Aussagen so auseinandergehen? Schließlich sind alle erwachsen, können frei entscheiden, wo sie sich ihrer Kleider entledigen.

Wochen später stellte sich zufällig im Rahmen meiner fortlaufenden Recherchen heraus: seit mehr als einem Jahr vor der Aussage der jungen Frau mir gegenüber lag die Beschwerde einer weiteren Schauspielerin in dieser Sache beim Verband der Agenturen vor. Ich kontaktierte sie und erfuhr von weiteren Kolleginnen, die von dem betreffenden Agenten unter Druck gesetzt wurden, sich per Skype oder im Hotelzimmer auszuziehen. Er fertige Filme davon an und nenne es „Schauspielcoaching". Er frage nach der Größe der Genitalien. Mir ist nicht bekannt, dass eine der von mir Befragten aufgrund des „Nacktcastings" für eine Rolle vorgeschlagen wurde. In den darauf folgenden drei Jahren traf ich auf insgesamt acht Betroffene, die mir unabhängig voneinander detailgenau vergleichbare Vorgänge beschrieben. Ich lud die Frauen ein, sich in meinen Räumen und von mir moderiert auszutauschen. Für einige der Betroffenen war dies ein großer Schritt und so bedurfte es einiger Vertrauensarbeit, dass es zu diesem Treffen kam. Sie verständigten sich darüber, dass es ihr Ziel wäre, den Agenten zu stoppen, dass man ihn aber nicht anzeigen wolle. Wir beschlossen, uns an die vorhandenen Anlaufstellen zu wenden - für eine juristische Einordnung und eine Beratung, welche Schritte zur Verfügung stünden. Die Frauen mussten teils mehrfach detailliert mündlich und schriftlich Auskunft geben über die Vorfälle und taten dies auch gern in dem Glauben, dass sie damit etwas bewegen könnten. Als ich jedoch drei Mal jeweils im Abstand von sechs Monaten nachfragte, wie der Stand der Dinge sei, erfuhr ich jedes Mal, dass (aus manchen verständlichen aber auch unverständlichen Gründen) nichts geschehen sei. Von den Anlaufstellen gab es keine Nachricht, einige der Betroffenen hatten sich mittlerweile aus dem Metier zurückgezogen, andere standen nun in der Öffentlichkeit und wollten damit nicht (mehr) in Verbindung gebracht werden. Während es also schien, als wäre die Sache zum Stillstand gekommen, erfuhr ich über meine Beratungstätigkeit immer wieder von neuen Übergriffen in der Agentur. Mir wurde klar, dass es auch in diesem Fall eines Tages heißen könnte: „Warum kommen die denn jetzt damit an?". Mein Schluss daraus war, dass ich im Sommer 2020 das Gespräch mit der SPIEGEL-Autorin Laura Backes suchte. Nach einer weiteren Phase der Vertrauensarbeit erklärten sich drei Frauen bereit, mit ihr zu sprechen. Ihr Artikel erschien („Die Angst ist größer", Nr. 4/23.1.21) und entgegen meiner eher niedrigen Erwartungen brachte er die längst überfällige Bewegung in den Fall: er wurde von Frau zu Frau innerhalb der betreffenden Agentur weiter gereicht. Mehr und mehr Betroffene tauschten sich offen untereinander aus, taten sich zusammen und nach meinen letzten Informationen erwägen einige nun auch, gerichtlich gegen den Agenten vorzugehen. Eine besondere Freude war es mir, als sich zwei der Frauen, die zu Beginn die Vorwürfe haltlos genannt hatten, nun für die Initiative bedankten. Ihnen wäre es erst dadurch möglich gewesen, zu erkennen, welchen missbräuchlichen Strukturen sie sich ausgeliefert hatten. Der Prozess der Aufarbeitung habe begonnen.

Ein Übergriff ist schnell passiert. Der Weg danach kann Jahrzehnte dauern. Und das liegt nicht zuletzt daran, dass nach allgemeiner Ansicht das Thema ausschließlich die konkret Involvierten etwas angeht. Sie können etwas darüber erzählen, denn sie sind beteiligt. Betroffen. Informiert. Geschädigt. Schuldig. Naiv. Arm dran. Macht- und erfolgsgeil. Schwache Charaktere. Schlecht erzogen. Gestört. Erfolglos. Erfolgreich. Unbegabt. Genial. Verlogen. Berechnend. Alle anderen Beschäftigten am Set, am Theater, im Studio, im Verlag, in der Universität …? Fehlanzeige. *„Ich bin nicht betroffen."* Oder wie im Falle meiner Nachfragen:

„Ich habe leider gar nichts dazu zu sagen."
„Zur Sache mit … habe ich nichts zu sagen, weil ich darüber nicht wirklich Bescheid weiß und nicht direkt betroffen war."

Nicht betroffen. Nichts zu sagen. Teil des Systems? Not me. Ich halte das für falsch und stimme mit der Essayistin und Aktivistin Rebecca Solnit überein, die sich in Bezug auf Gewalt gegen Frauen so ausdrückte: *„Wir denken immer, die einen sind betroffen, weil sie vergewaltigt, verprügelt, ermordet werden und die anderen werden verschont. Aber was anderen Frauen geschieht, geschieht auch mir."* (Der Tagesspiegel vom 30.08.2020, S. 81). Ihre Aussage lässt sich deckungsgleich auf alle von Übergriffen und Machtmissbrauch Betroffenen – gleich welchen Geschlechts, welcher Branche und welchen Ausmaßes der Vorfälle – beziehen.

> Was Ihren Kollegen und Kolleginnen geschieht, geschieht auch Ihnen.

Nicht zufällig habe ich meine Ausführungen zu diesem Thema "Exkurs" genannt, da es auf den ersten Blick weit über den Aspekt von Selbstmarketing hinausgeht. Auf den zweiten jedoch wird klar: Solange eine Schauspielerin befürchten muss, sich bei einer Agentur-Bewerbung in einer solchen Situation wiederzufinden (es ist nicht die einzige Agentur, von der ein solches Vorgehen angezeigt wurde), wird es schwierig sein, Selbstmarketing wie eine professionelle berufliche Verantwortung zu betrachten und sich dabei nicht nah an der Schmuddelecke zu wähnen. Wie ist es möglich, dass nur eine der von mir zu dem betreffenden Agenten Befragten die Berichte überhaupt für möglich hielt? Gehört das in einen Bereich, von dem sich „Seriöse" distanzieren? Ist man allgemein der Überzeugung, dass jede(r) es selbst in der Hand hat, solche Situationen zu verhindern?

Wenn wir Menschen mit einem verstörenden Sachverhalt konfrontiert werden, der uns persönlich herausfordert, versuchen wir, Erklärungen zu finden. Das gibt uns Orientierung und Orientierung gibt uns Halt. Die Erklärung setzen wir aus den uns zur Verfügung stehenden Wissensbeständen zusammen. Dieses Wissen ist vor allem bei hochkomplexen Problemstellungen in der Regel unvollständig. Das betrübt manche Menschen mehr als andere. Und treibt die einen mehr als die anderen an, der Sache wirklich auf den Grund zu gehen. Neue Informationen zuzulassen, die das eigene Wertegerüst, die eigenen Überzeugungen und damit das vertraute Selbstbild erschüttern könnten. Aus diesem Grund sind Paradigmenwechsel („Die Erde ist eine Scheibe." ➔ „Die Erde ist rund.") ein sehr langsamer Prozess aus immer neuen Erkenntnissen, die uns immer neu erschüttern und immer vertrauter werden müssen, bis sie die alten Überzeugungen ablösen können. Jede Erschütterung trägt das Potenzial in sich, eine Veränderung auszulösen. Ob es dazu kommt, hängt davon ab, ob genügend Menschen übereinkommen, dass ihnen das Vorteile bringt. Die Sexismus-Debatte, die #metoo-Solidarisierung, die Umbesetzung von Kevin Spacey werden dann Konsequenzen anstoßen, wenn eine Mehrheit sich einen persönlichen Nutzen davon verspricht. Christine Knauff, Leiterin der STARTER – Schauspielschule für Film und Fernsehen in Berlin, sagte mir in einem Interview, das ich mit ihr zum Thema führte: *„Unsere Branche ..., die bewegen, berühren, aufrütteln, zum Nachdenken anregen oder einfach unterhalten soll – täte meiner Meinung nach gut daran, wenn sie Produktionsbedingungen nicht nur auf strafrechtlich relevantes Verhalten abklopfen, sondern sich auch ganz alltäglich der Diskussion stellen würde, wie wir miteinander umgehen, welches Klima wir uns wünschen. ... Nicht (nur) damit wir es alle schön haben, nein: damit wir noch spannendere Filme und Aufführungen produzieren, noch verantwortlicher und umfassender ausbilden. ... Und wenn einem dieses Ziel zu gross und unerreichbar bleibt, zieht mensch sich gern in das Schneckenhaus des Privaten zurück."*

Not me. Dass scheinbar nicht Betroffene bei dem Thema gerne die Flucht ergreifen, ist verständlich. Das macht es aber nicht hinnehmbarer. Zudem habe ich die Erfahrung gemacht, dass sich Erstaunliches offenbart, wenn man dem Thema doch einen Moment Aufmerksamkeit und Gedächtniskapazität abverlangt. Viel Stoff für eine kontroverse aber auch konstruktive Auseinandersetzung, die wir dringend weiterführen müssen.

Lösungsansätze

Zu Beginn dieses dritten Teils des Buches habe ich thematisiert, wie die berufspolitische Auseinandersetzung mit Ihrem Metier Sie auch im Umgang mit Ihrem persönlichen Marketing stärken kann. Man könnte auch sagen: Mit jedem Stück, das Sie die (Kunst-)Welt verbessern, in der Sie leben (und für sich werben sollen), kommen Sie dem Ziel, sich anbieten zu können, ohne sich anbiedern zu müssen, näher. Was können wir also tun?

1. Selbstbild der Branche

Zunächst einmal müssen alle künstlerisch Tätigen verstehen, dass sie Teil des Systems sind – ob sie wollen oder nicht. Sie sind die Branche. Die im Zeit-Magazin (vom 04.01.18) zum Fall des Film- und Theaterregisseurs und Intendanten Wedel zitierte dritte, anonyme Schauspielerin hat mir gegenüber treffend formuliert, dass man eine offene Tür schlecht eintreten könne. Ein schlechter Ruf sei in diesen Dingen in der Branche ein sehr guter Schutz: *„Der einhellige Tenor der Presse ist seit ca. 40 Jahren: hui der Wedel, ja, ein ganz Schlimmer, vor allem mit den Frauen, besessen geradezu, und am Set oft ein Wüterich, aber einer unserer ganz Grossen, der Regisseur des deutschen Fernsehens. Unterstützt wurde dieses Image durch unzählige prominente Kolleginnen und Kollegen, die das alles bestätigten und am Ende aber vor allem ‚voller Hochachtung' und ‚dankbar' waren und ‚viel gelernt' hatten (und wie gesagt: vermutlich hätte ich das genauso auch bestätigt, wenn die Zusammenarbeit gut verlaufen wäre und eine andere Kollegin im Fokus)."*

Dann müssen Kunstschaffende als Teil dieses Systems bereit sein, ihre persönliche Grenze des guten Geschmacks und sich selbst damit ggf. als Spielverderber zu outen. Es sind alle Geschlechter aufgefordert, ihr Missfallen auszudrücken, wenn es ihnen ganz subjektiv zu schamlos, zu laut, zu dreckig, zu wertfrei oder zu übergriffig wird, damit niemand ernsthaft behaupten kann: *„Ich habe immer gedacht, die wollen das so."*, wie es mir mehrere – sowohl vor als auch hinter der Kamera Tätige – in den Interviews offenbart haben. Klare Bekenntnisse sind gefordert: Not me!

2. Vorbereiten

Bereits in der Ausbildung sollte informiert werden: Sexuelle Attraktivität ist ein starkes Zahlungsmittel in diesem Metier. Weitere sind: Können, Kenntnis der Branche, der eigenen Fähigkeiten und Grenzen, ein gutes Netzwerk. Es ist eher ein Teil des Jobs, damit umgehen zu lernen, dass aller Anfang schwer ist und das Gefühl, nicht zu genügen, nie ganz verschwindet als die „Besetzungscouch". Es gibt Waffen, mit denen man sich zur Wehr setzen kann – sanfte und drastische. Die beste, aber auch keine allmächtige: ein stabiles Selbstwertgefühl. Das lässt sich aufbauen.

3. Transparenz und Anlaufstellen

Alle künstlerischen Berufsverbände und Institutionen sollten Anlaufstellen einrichten, die auf juristischen und psychologischen Beistand zurückgreifen können. Als Co-Autorin der bundesweiten Broschüre zur „Gefährdungsbeurteilung psychischer Belastungen künstlerisch Beschäftigter an Theatern" denke ich: Warum sollte es nicht einen solchen Leitfaden der Branche geben, worin man formuliert, was als akzeptierter Rahmen gilt, was darüber hinaus geht und welche Grauzonen bleiben müssen oder sollen?

4. Druck verringern

Der existenzielle Druck auf Kreative aller Genres ist und war immer hoch. Hier gilt es einerseits Verhältnisprävention zu betreiben, d. h. die Arbeitsumstände zu verbessern, aber auch auf die Zeit zu reagieren, in der wir leben. Welche Säulen gibt es neben der Kunst für meine Existenz und Identität? Andererseits Verhaltensprävention anzustreben: wie verbessere ich persönlich meinen Umgang mit Druck?

Der Politologe Ronny Patz erklärte auf die Frage, wie aus einer Mediendebatte eine Veränderung entstehen würde, dass die Dynamik, die zu Empörung führe, nicht die gleiche sei, wie die, die Veränderungen auslöse. Hierzu sei es hilfreich, wenn bereits parallel ein gesellschaftlicher Prozess im Gange sei, den die betreffenden Organisationen aufgreifen könnten. Außerdem dürfe es niemanden geben, der gegen die Veränderung eine Blockademacht habe. Ob eine Initiative wie #metoo eine Chance hätte, so etwas zu bewirken? *„Die erhöhte Aufmerksamkeit kann helfen, aber nur, wenn die Rahmenbedingungen stimmen."* (Süddeutsche Zeitung vom 24.11.17, S. 11).

Als Psychologin hoffe ich nicht auf die Erweckung des „Gutmenschen". Ich vertraue lieber auf das menschliche Prinzip, die eigenen Handlungen nach dem persönlichen Nutzen auszurichten. Einen hohen Nutzen verspricht in unserer Welt ein anerkannter Platz im sozialen Gefüge. Würden wir damit rechnen müssen, dass uns dieser Platz entzogen wird, wenn wir Macht missbrauchen oder ein missbräuchliches System stützen, würden wir das sicher in der Wahl unserer Mittel berücksichtigen. Zumindest alle, die nicht aufgrund einer psychischen Störung handeln. Und das ist die große Mehrheit.

Wir wissen also, was zu tun ist.

Die passende Unterstützung – Coaches, Agenturen und mehr

Zu Beginn des Buches verglich ich die Herausforderungen für Sie als künstlerisch Tätige mit denen im Hochleistungssport und verwies darauf, dass dort durch ein Team für alle benötigten Kompetenzen gesorgt sei. Wir haben daraufhin zunächst Ihr inneres Team aus erster, zweiter und *dritter Person* zusammengestellt. Nun soll es im Folgenden darum gehen, worum Sie Ihr inneres Trio ergänzen möchten und worauf Sie bei der Erweiterung achten sollten.

Begeben Sie sich jedes Mal, wenn Sie Unterstützung suchen, auf die Meta-Ebene der *dritten Person*. Richten Sie Ihre Auswahl strategisch und fürsorglich im Sinne Ihrer privaten und kreativen Person aus:

- Verschaffen Sie sich vorab einen Eindruck von der Maßnahme, Vertretung, dem Mentoring oder Unterricht.
- Beziehen Sie auch mögliche Negativ-Effekte ein. Es ist sehr einfach, Menschen zu bewegen – gerade kreative Persönlichkeiten. Diese Bewegung allerdings ver-

antwortungsvoll und kompetent aufzufangen und sinnvoll zu kanalisieren, ist ungleich schwerer.
- Ihre *dritte Person* sollte sich schützend vor die erste und zweite stellen. Überlegen Sie genau, wen Sie in Ihren privaten und/oder kreativen Raum lassen möchten.
- Wenn Sie sich für etwas entschieden haben, bleiben Sie aufmerksam, wie sich der Einfluss auf Sie auswirkt und treffen Sie ggf. eine neue Entscheidung.

Eltern kann man sich nicht aussuchen – Mentoren und Mentorinnen, Coaches und andere Begleitung und Unterstützung schon. Seien Sie sich der hohen Bedeutung der Menschen an Ihrer Seite bewusst – der hilfreichen wie der schädlichen.

Coaching und Weiterbildung
Das Angebot an Weiterbildungen, Coachings und Trainings scheint auf den ersten Blick unüberschaubar zu sein. Die Beschäftigung damit birgt für Künstler und Künstlerinnen immer auch das Risiko, atemlos vor den vermeintlich riesigen Lücken in ihrem Können, Repertoire und Wissen zu stehen. Wo sind die Prioritäten zu setzen? Was hätte den größten Effekt auf mein Fortkommen? Wie viel Zeit soll ich einsetzen? Und wie viel Geld? Werfen Sie einen Blick auf Ihre Notizen:

- Wie haben Sie Ihr persönliches Biotop beschrieben?
- Was wissen Sie bereits darüber, unter welchen Umständen Ihre zweite Person sich am besten entfalten kann?
- Welche strategischen Ziele hat Ihre *dritte Person* für Sie definiert?

Wenn Sie auf dieser Grundlage auswählen, werden Sie sicher das Angebot schon deutlich reduzieren können.

Zum einen wird von Ihnen erwartet, dass Sie parallel zur Ausübung des Berufes eigenständig dafür sorgen, Ihr technisches Niveau aufrechtzuerhalten und sich stetig weiterzuentwickeln. Zum anderen erscheinen möglicherweise auch Ihnen Workshops manchmal als der einzige Weg, sich lebendig zu fühlen. Vorrübergehende und auch längere Arbeitslosigkeit gehört zur Lebensrealität der meisten und gibt vielen das Gefühl, nicht mehr ganz sie selbst zu sein.

> Zwischen sinnvoller Investition in Fortbildung und teurer Arbeitsillusion zu unterscheiden, ist nicht immer einfach.

Auch beim Thema Weiterbildung sollten Sie strategisch und planvoll Ihre Interessen verfolgen und Ihre Ressourcen – künstlerisch, zeitlich, monetär – im Blick behalten.

- Wissen Sie genau, warum Sie diese Weiterbildung anstreben?
- Verbessern die dort vermittelten Techniken, Stile und Tools Ihre Chancen im Hinblick auf Ihre langfristigen Ziele?
- Und wenn nicht: gibt es einen anderen triftigen Grund?
- Fällt es Ihnen z. B. schwer, allein zu arbeiten?
- Gäbe es Möglichkeiten, dafür ein Trainingsteam aus Kollegen und Kolleginnen zu bilden und sich gegenseitig kostenfrei weiterzubilden?
- Gibt es seitens Ihrer Ausbildungsstätte Veranstaltungen für Alumni?
- Falls nicht: welche Workshops und Unterrichte sind auf dem Markt?
- Können Sie ein Vorgespräch führen oder eine Probestunde vereinbaren? Oder gibt es jemanden, der Ihnen Genaueres davon berichten kann?
- Fühlen Sie sich bei der Workshop-Leitung gut aufgehoben? Werden Sie gesehen, sprechen Sie eine Sprache, verbindet Sie die gleiche Haltung? Oder haben Sie das Gefühl, als Teilnehmer oder Teilnehmerin die Wirksamkeit der vermittelten Methode beweisen zu müssen?

Wenn Sie über unbegrenzte Ressourcen verfügen, können Sie auch nach der Methode „Versuch und Irrtum" vorgehen. Aber selbst dann: vermeiden Sie, sich über Workshops Ihrer selbst zu vergewissern. Sollten Sie über begrenzte Ressourcen verfügen, sparen Sie wiederum nicht am falschen Ende. Wenn eine Fortbildung notwendig ist, um Ihrem Ziel näher zu kommen, begeben Sie sich in kompetente Hände, auch wenn das seinen Preis hat. Förderung und Potenzialentfaltung sind ein rares Gut. Auf diesem Gebiet sind viele tätig – aber nicht alle leisten, was man hinter den Begriffen vermuten würde.

Paula, 34:

„Ich habe Schauspiel studiert an einer Uni, die ich hier nicht nennen möchte und es gibt eine Frage, die mich nicht loslässt: Warum hat mich dort nie jemand erkannt als die, die ich wirklich bin? Ich habe mich doch so sehr geöffnet, war wirklich mit Haut und Haar dabei. Und stelle im Nachhinein fest: mir ist viel Unsinn über mich erzählt worden, den ich auch noch geglaubt habe. Es hat mich Jahre gekostet, das für mich gerade zu rücken und mein wirkliches Potenzial zu erkennen. Muss das so sein?"

Alina Gause:

Ihre Frage ist auf alle Bereiche zu beziehen, in denen Menschen in ihrer Entfaltung gefördert werden sollen – das betrifft künstlerische Führung ebenso wie Elternschaft und therapeutische Angebote. Welche Begleitung lässt Menschen wachsen und welche nicht? Wir wissen aus Studien: die Beziehung ist alles. Die Theorie, die dahintersteckt, die Ideologie, die Technik sind nachrangig. Ihr Gegenüber muss also beziehungsfähig sein. Was bedeutet das? Es muss in der Lage sein, sich in Sie hineinzuversetzen. Es muss ein angemessenes Maß an Distanz und Nähe bieten und darf selbst nicht zu bedürftig in Bezug auf Zuwendung sein. Es sollte sich für Sie interessieren und Zeit investieren. Auch sein Menschenbild wird sich darauf auswirken, ob Sie gefördert werden oder nicht. Steht Ihnen jemand gegenüber, der mit Viktor Frankl sagen würde: *„Mensch sein heißt immer, immer auch, anders werden zu können."*? Oder eher jemand, der an eine der vielen Typenlehren glaubt? Und wie sieht es neben der Beziehungsfähigkeit mit der fachlichen Kompetenz aus? Kennt der oder die Führende seine/ihre Grenzen? Und wenn ja – ist er oder sie bereit, sie offenzulegen, weil Ihre Entwicklung wichtiger ist, als die eigene Schwäche bloßzulegen? Wie viel Freude daran ist vorhanden, andere neben sich brillieren zu sehen? Einen Menschen zu erkennen und ihn zu seiner Höchstform zu führen, ist eine komplexe Aufgabe. Werden pädagogische Kräfte im Kulturbetrieb darauf vorbereitet? Nein. Vielen von ihnen gelingt es trotzdem. Im Bereich der höheren Schulen und künstlerischen Institutionen sind wir darauf angewiesen, dass diejenigen, in deren Händen die Entfaltung unseres Potenzials liegt, zufällig über genügend Menschenliebe, Selbstreflexion, fachliche Kompetenz und Beziehungsfähigkeit verfügen, um dieser Aufgabe gerecht zu werden. Die Antwort auf Ihre Frage lautet also: Nein, es muss nicht zwangsläufig so sein, ist aber leider an der Tagesordnung und eine der größten Baustellen im künstlerischen Metier. Denn Studierende befinden sich in der Adoleszenz – einer Lebensphase, die unter anderem von der Suche nach Orientierung geprägt ist. Das Angebot der Ausbildenden wird daher intensiv verinnerlicht. Verfügen sie nicht über die genannten Voraussetzungen für eine gelungene Arbeitsbeziehung, ist der Schaden daher umso nachhaltiger, und so dauert es einige Zeit, das wieder geradezurücken. Aber trösten Sie sich: Wenn Sie diese Fehlannahmen über sich selbst, schädlichen Zuschreibungen, überflüssigen Stigmatisierungen und fachlich falschen Wissensbestände überwinden, ist Ihnen ein hohes Maß an Selbsterkenntnis garantiert und damit wiederum ein wunderbarer Katalysator für die volle Entfaltung Ihres Potenzials.

Ich erlebe häufig, dass Kreative sich auf der Suche nach der geeigneten Begleitung ihres technischen Könnens während der beruflichen Laufbahn zu schnell zufriedengeben oder durch vermeintliche Wundermethoden in die Irre führen lassen. Das kann daran liegen, dass sie noch nicht in den Genuss einer erfüllenden Arbeitsbeziehung gekommen oder zu ungeduldig sind. Oder aber sie trauen sich selbst nicht zu, eine gute Führung von einer schlechten zu unterscheiden (siehe auch unter „Aua-Komplex"). Gerade erst habe ich erlebt, wie eine Sängerin, die intuitiv ihre Stimme über Jahre gut gepflegt hatte, durch einige intensive Stunden bei einem neuen Gesangscoach stimmlich aus der Balance gebracht wurde. Dem lag zugrunde, dass sie durch eine längere Phase, in der sie arbeitslos war, zunehmend mit Entzugserscheinungen durch die fehlenden stimmlichen Herausforderungen kämpfte und nach neuen suchte.

> Sorgen Sie für sich, indem Sie die Dosis und die Quelle von Trainings und Fortbildungen, Workshops und Techniken sorgfältig aussuchen und abwägen.

Ich möchte Sie aber auch von einem zu hohen Druck der perfekten Wahl entlasten: Jede Beziehung – also auch jede Arbeitsbeziehung – bedeutet ein Risiko. Sie vertrauen, Sie zeigen sich, Sie erwarten, investieren und hoffen. Ohne diese Offenheit kann keine Bindung entstehen, aber sie kann dementsprechend auch enttäuscht werden. Betrachten Sie auch unschöne Erfahrungen als eine nützliche Informationsquelle über jeden Ihrer drei Persönlichkeitsanteile und verfolgen Sie weiter Ihr Ziel.

Agenturen, Managements, Galerien …
Eine der häufigsten Fragen, die ich höre, ist die nach geeigneten Vertretungen wie z. B. Agenturen, Managements oder Galerien. Da der Zugang dazu nach wie vor als Qualitätskriterium gilt, steht es meistens ganz oben auf der To-do-Liste der Kunstschaffenden. Auch ich bin der Meinung, dass das eine entscheidende Hilfe sein kann. Allerdings nur

unter bestimmten Umständen. Stimmen diese Umstände nicht, können eine Agentur, ein Management oder eine Galerie sogar zu schädlichen Stolpersteinen in der Karriere werden. Man würde z. B. nicht vermuten, wie häufig Kreative Angst vor Gesprächen mit ihrer Vertretung haben, weil ihnen vermittelt wird, dass es keine Zeit für sie gibt, ihre Anliegen deplatziert oder unangemessen sind. Im schlimmsten Fall, weil ein Gespräch immer auch Bewertungen ihrer Person oder ihrer Kunst bedeutet, die sie (zu) lange als negatives Echo begleiten. Das wiederum wirkt sich auf den Mut im Hinblick auf eigene Marketingaktivitäten aus.

Ein besonders drastisches Beispiel ist mir aus dem Literaturbetrieb bekannt. Die betreffende Autorin schrieb ein wunderbares Buch, das direkt Anklang bei einer angesehenen Literaturagentin fand. Die Agentin bot das Buch auf dem Markt an und auch hier hatte es durchschlagenden Erfolg: einer der größten deutschen Verlage bot der Autorin einen Vertrag und damit verbunden auch einen erfreulich hohen Vorschuss an. Das Problem ergab sich erst nach der Unterzeichnung: Obwohl seitens der Autorin nie eine Andeutung in der Richtung gefallen war, hatte die Agentin den Roman als biografische Geschichte angeboten. Bis heute weiß niemand in der Agentur und beim Verlag so ganz genau, wann welche Fehlinformation aus welchem Grund wie und wohin transportiert wurde. Den Schaden hat die Autorin – das Buch liegt erst einmal auf Eis. Es bleibt zu hoffen, dass es nach einer Klärung der Öffentlichkeit noch zugänglich gemacht wird. Wahrscheinlich hätte das großartige Buch auch ohne Agentur seinen Verlag gefunden – aber das erfordert viel Mut und Durchhaltevermögen, was das (Selbst-)Marketing anbelangt, denn es gilt heutzutage allgemein als No-Go, ein literarisches Werk ohne Vermittlung durch eine Agentur anzubieten, wenn man ernst genommen werden möchte.

Ein weiteres No-Go betrifft bildende Künstler und Künstlerinnen, die auf der Suche nach einer Galerie sind. Es wird als Faux-Pas betrachtet, wenn Kunstschaffende sich ohne Empfehlung oder Termin in einer Galerie vorstellen. Es ist sicher legitim, dass Galeristen und Galeristinnen terminlich planen, sich vorbereiten und auch eine Vorauswahl treffen möchten. Aber ein Gesetz auszurufen, das besagt, auf welche Weise Galerist, Galeristin, Künstler und Künstlerin zueinander finden sollen, gibt es nicht und das ist gut so. Wir befinden uns immer noch im Kulturbetrieb und nicht beim Einwohnermeldeamt. In der Regel machen Kunstschaffende ohnehin von einer geöffneten Galerie-Tür keinen Gebrauch – davor bewahrt sie ihre Scheu. Einmal jedoch fragte ich in einem Workshop in die Runde, welches Medium die Teilnehmer und Teilnehmerinnen für die Kontaktaufnahme wählen würden, wenn sie es sich aussuchen könnten. Ich war sehr überrascht, als eine bildende Künstlerin sagte: *„Ich würde am liebsten mit meinen Bildern unter dem Arm unangemeldet in die zu mir passenden Galerien gehen."* Alle anderen im Workshop waren so verblüfft wie ich, denn niemand hätte diese Wahl getroffen (und sie ist bisher die einzige geblieben, die ich kenne). Ich klärte sie kurz darüber auf, dass sie mit Gegenwind rechnen müsse und dann planten wir für sie eine Vorstellungsreise durch den deutschsprachigen Raum. Ich bat sie, mir Bericht zu erstatten, damit ich das Ergebnis anderen Künstlern und Künstlerinnen zur Verfügung stellen könnte. Sie schrieb mir, es habe einige Orte gegeben, an denen man ihr deutlich signalisierte, dass ihr Tabubruch nicht willkommen sei. Es habe aber genügend andere Beispiele gegeben, bei denen bereichernde Kontakte und Gespräche entstanden wären. Eine Galerie habe angeboten, sie auszustellen. Für sie persönlich hätte der Wert dieser Reise aber vor allem in dem nützlichen Feedback und in dem Gefühl bestanden, die eigene Kunst *„raus aus dem Keller und zu den Menschen"* getragen zu haben.

> Setzen Sie sich mit dem unübersichtlichen Markt der Vertretungen in Ihrem Genre auseinander und bilden Sie sich eine Meinung, was für Sie persönlich der geeignete Weg ist.

Ein ungutes Spannungsfeld zwischen Kreativen und ihren Vertretungen kann unter anderem dadurch begünstigt werden, dass

- zu viele Künstler und Künstlerinnen vertreten werden,
- keine klaren Absprachen getroffen (und schriftlich fixiert) wurden,
- die gegenseitigen Erwartungen im Vorfeld nicht ausreichend geklärt wurden,
- die fehlende persönliche Passung aufgrund von anderen Prioritäten in ihrer Wirkung unterschätzt wurde,
- beide Seiten sich uneinig über die Stärken und Schwächen des Künstlers bzw. der Künstlerin sind,
- beide Seiten das anzubietende Produkt unterschiedlich definieren,
- fehlende Kompetenz und Engagement auf einer der Seiten vorliegt,
- monetäre Interessen die künstlerischen übertreffen (möglicherweise aus verständlichen Gründen, weil nicht genügend Gewinn erzielt wird, um die Agentur oder Galerie am Leben zu erhalten),
- Probleme aus anderen Lebensbereichen in diesen übertragen werden.

Dem können Sie durch gute Recherche vorbeugen – sowohl nach innen, was Ihre Erwartungen, Ziele und Vorlieben betreffen – als auch nach außen, was der Markt für Sie Passendes hergibt.

Checkliste für die Recherche und Vorbereitung einer Bewerbung

Recherche

- Recherchieren Sie umfassend, welche Vertreter und Vertreterinnen es in Ihrem Genre gibt.
- Seien Sie darauf gefasst, dass diese Recherche psychisch sehr erschöpfend sein kann. Begrenzen Sie die tägliche Zeit der Recherche auf max. 2 Stunden und nehmen lieber den Faden am kommenden Tag wieder auf (siehe auch unter „Bürozeit").
- Vermerken Sie, ob Ihr Profil (Typ, Stil, Alter, Fach, Hintergrund) hier bereits vertreten wird und bilden Sie sich eine Meinung darüber, wie das zu bewerten ist. Im Schauspielbereich ist es in der Regel vorteilhaft, wenn Ihr Typ nicht bereits vertreten ist. Bei Galerien ist es ggf. sogar die Voraussetzung, dass Sie stilistisch gut einzugliedern sind.
- Notieren Sie positiv und negativ Bemerkenswertes (Gestaltung der Website, Aussagen der Inhaber und Inhaberinnen, Profil, Präsentation der Künstler und Künstlerinnen).
- Sollten Sie jemanden in einer der für Sie interessanten Vertretungen kennen, nehmen Sie Kontakt auf und erkundigen Sie sich nach den bisherigen Erfahrungen.
- Notieren Sie, ob auf der Website vermerkt ist, auf welchen Weg man sich die Kontaktaufnahme wünscht.

Bewerbung

- Der beste Weg ist nach wie vor die persönliche Empfehlung. Sollten Sie also Namen entdeckt haben, zu denen Sie in einem positiven oder zumindest neutralen Verhält-

> nis stehen, prüfen Sie, ob man Sie für eine erste Kontaktaufnahme empfehlen könnte. Beziehen Sie dafür auch indirekte Kontakte ein, d. h., dass Sie jemanden kennen, der jemanden dort kennt.
> - Ein Anschreiben sollte immer erkennen lassen, dass Sie genau wissen, bei wem und warum Sie sich dort bewerben.
> - Entsprechend dem Stil des Adressaten und Ihrer eigenen Persönlichkeit darf die Bewerbung sachlich, schick, witzig, persönlich oder auch unkonventionell gestaltet sein.
> - Wählen Sie – wenn keines vorgegeben ist – für Ihre Bewerbung das Medium, das Ihnen am meisten liegt: Telefon, Mail, postalisch, via soziale Netzwerke, persönlich? Worüber kommunizieren Sie am liebsten und am selbstverständlichsten?
> - Gestalten Sie den Zugang zu Ihrem Material möglichst unaufwändig: Die Adressaten sollten mit einem Klick alles öffnen können.
> - Benennen Sie Ihre Links, sodass erkennbar ist, wohin sie führen.

Ein gutes Arbeitsverhältnis baut auf gegenseitigem Vertrauen, Respekt und Wertschätzung auf. Das lässt sich nicht an einem Tag entwickeln. Es ist also durchaus üblich, dass eine Entscheidung zu einem Vertragsabschluss mit einer Vertretung sich über längere Zeit hinziehen kann. Scheuen Sie sich daher nicht, Ihre Favoriten über Ihren Werdegang auf dem Laufenden zu halten, wenn Ihnen ein grundsätzliches Interesse signalisiert wurde. Denn ein wichtiges Kriterium für eine Aufnahme ist häufig einfach der geeignete Moment: ein bestimmtes Zeitfenster lang öffnet sich die Bereitschaft zur Neuaufnahme. Diesen Moment möchten Sie für sich nutzen.

Das nachfolgende Fallbeispiel ist nicht nur auf Agenturen anzuwenden, sondern auch auf alle anderen professionellen Vermittlungen im Bereich Kunst.

Katharina, 33:

„Ich bin mit meiner Agentur unzufrieden. Ich frage mich, ob es überhaupt sinnvoll ist, in einer Agentur zu sein. Letztlich kommen die Jobs zum größten Teil über mich selbst. Die Gagen sind auch nicht mehr so, dass man davon noch etwas abgeben möchte. Nach wie vor gilt es aber als Qualitätskriterium, ob man eine Agentur hat oder nicht. Was meinen Sie?"

Alina Gause:

Jede Agentur kann nur eine begrenzte Anzahl von Künstlern und Künstlerinnen vertreten und die Zahl der Agentursuchenden übersteigt dieses Maß bei Weitem. Man kann also sagen: Wer von einer Agentur vertreten wird, ist ausgewählt worden. Ob das zum Vorteil für die Karriere war, muss sich allerdings erst noch zeigen, denn wie überall gibt es auch bei den Agenturen gute und weniger gute und die Meinungen darüber, nach welchen Kriterien man das bewertet, gehen auseinander. Die Sehnsucht von Kunstschaffenden, ausgewählt zu werden, schwächt hier manchmal ihr Urteilsvermögen. Es versetzt sie entweder in eine zu passive Haltung oder hebt die Erwartungen an die Agentur in einen unrealistischen Bereich.

Nähern wir uns dem Thema Agentursuche einmal aus einer für Kreative untypischen aber gewinnbringenderen Perspektive: strategisch. Eine Agentur bietet eine Dienstleistung an, die Sie bezahlen. Dienstleistungen sollen einen entweder entlasten oder erreichen, was wir selbst nicht können. Beides ist im Falle von Agenturen manchmal gegeben und manchmal auch nicht. Es ist also nicht per se gut, eine Agentur zu haben. Denn wenn wir etwas delegieren, kümmern wir uns selbst nicht mehr darum – das ist ja der Sinn der Sache. Ich höre nicht selten davon, dass Agenturen neue Fotos nur oberflächlich anschauen, dass Rückrufe tagelang auf sich warten lassen oder – wie vor einigen Tagen – dass eine Schauspielerin, die ein lukratives Angebot nicht annehmen wollte, stark unter Druck gesetzt wurde. Ebenso höre ich von Agenten und Agentinnen, die sich intensiv mit ihren Künstlern und Künstlerinnen auseinandersetzen und gemeinsam Schritte entwickeln und durchzusetzen helfen.

Es geht also nicht nur darum, ausgewählt zu werden und dann den Dingen ihren Lauf zu lassen, sondern aktiv mitzugestalten. Machen Sie sich eine Liste: Welche Dienstleistungen benötigen Sie überhaupt? Was können Sie selbst tun? Was nicht oder wofür fehlt Ihnen die Zeit? Zum Beispiel die Recherche und Bereitstellung von Möglichkeiten, sich zu präsentieren und Kontakte zu knüpfen. Entscheidungshilfen, was Engagements und Material anbelangt. Die Aushandlung besserer Konditionen. Eine Begleitung bei der Karrieregestaltung. Bei der Überwindung von beruflichen Tiefs. Jemanden, der an Sie glaubt. Einen Terminplaner. Ein Mädchen oder Junge für Alles. Ein Schutzschild. Einen Grund, weiterzumachen. Ein Aushängeschild usw. Jetzt bringen Sie diese Kriterien in eine Rangfolge. Was ist am wichtigsten? Wobei unterstützt Sie Ihre Agentur, wobei nicht? Wie werden andere von ihren Agenturen dabei unterstützt? Was läuft von allein? Am Ende bleibt vielleicht gar nicht mehr so viel übrig, wofür Sie eine Agentur brauchen. Oder doch? Dann bitten Sie um ein Gespräch und können nun konkret benennen, was Sie sich in Zukunft von Ihrer Agentur wünschen. Und falls das Interesse an diesem Feedback auf der anderen Seite gering ist, können Sie getrost auf die Suche nach einer anderen gehen – mit einem klareren, selbstbestimmten Blick, wonach.

Lassen Sie sich auch bei der Auswahl der richtigen Begleitung und Unterstützung von Ihrem inneren roten Faden – der kreativen Substanz – leiten!

Familie, Freunde und Fans

Eng mit dem „Aua-Komplex" verbunden ist der Hang vieler kreativer Persönlichkeiten dazu, Begeisterung für die eigene Kunst dann abzuwerten, wenn sie von Menschen kommt, deren Verbundenheit man selbstverständlich voraussetzt: Der Freundeskreis, Partner und Partnerinnen, Familie und Fans. Familienmitglieder und auch der Freundeskreis sind nicht automatisch Fans. Manchmal ist sogar das Gegenteil der Fall: Sie blicken auf jeden Schritt, den man macht, mit besonders hartnäckiger Skepsis, im schlimmsten Fall mit Verächtlichkeit. In diesem Fall können sie zu regelrechten Instanzen werden, die man ein Leben lang davon zu überzeugen versucht, dass man Anerkennung verdient. Doch um diese Fälle soll es hier nicht gehen. Sondern um Verbündete, die treu an Sie glauben, wenn der Rest der Welt noch keine Notiz von Ihnen genommen hat. Natürlich wird sich ein Profi nicht damit zufriedengeben, wenn die Konzerte mit den Großeltern und zwei Fans gefüllt sind. Und wenn Sie keine Meisterleistung vollbracht haben, wird Sie ein mütterliches Lob auch nicht darüber hinwegtäuschen. Dennoch möchte ich davor warnen, diese Ressource zu gering zu schätzen. Es geschieht nicht selten, dass sich Kreative schamvoll vor mir outen: „Ich überlebe das gerade nur, weil meine Tante mich unterstützt." „Mein Bruder macht die Website für mich." „Mein Mann hat einen guten Job – wir stecken alles in meine Produktionen." „Meine Freundin ist meine Managerin." Als wäre diese Unterstützung weniger wert, weil sie auf einer Bindung basiert. Ich möchte Sie dazu ermuntern, jeden Beitrag zu Ihrem Fortkommen willkommen zu heißen.

> Künstler verdienen Unterstützung.

Ihre künstlerische Karriere ist ein Unternehmen, das mehrere Mitarbeiter und Mitarbeiterinnen braucht. Kunstschaffende nehmen manchmal für sich nicht in Anspruch, was in der Wirtschaft gang und gäbe ist: bis eine Firma schwarze Zahlen schreibt, vergehen gerne 3–5 Jahre, in denen der notwendige Input möglichst aus den eigenen Reihen gestemmt wird. Neulich hörte ich die Entstehungsgeschichte einer seit Jahren sehr erfolgreichen Werbeagentur. Die drei Gründer, die auch Freunde waren, gestalteten die ersten Jahre ihres Aufbaus, indem sie eine WG gründeten, die jeden Morgen in ein respektables Büro verwandelt wurde, in dem sie ihre Kundschaft empfangen und Konzepte präsentieren konnten. Betten wurden verstaut, der Küchentisch zum Zeichentisch umfunktioniert, Stühle aufgestellt, Privates versteckt, Teppiche umgeschichtet und die Dekoration verändert. Nach Feierabend wurde dann wieder der Umbau zur Wohnung vollzogen. Es gibt sehr viele erfolgreiche Management- und Agenturkonzepte, die ihren Ursprung in einer Freundschaft oder Partnerschaft haben. Von der bekannten Geschichte des Malers Vincent van Gogh, der uns ohne seinen Bruder wohl unbekannt geblieben wäre, möchte ich an dieser Stelle nicht nochmal anfangen. Schätzen und nutzen Sie diese Ressource.

> Lassen Sie sich von ihren Fans, Ihrer Familie und Ihren Freunden und Freundinnen trösten, aufmuntern, finanziell und moralisch unterstützen und feiern.

Nehmen Sie auch kritische Anmerkungen aus diesen Reihen ernst. Menschen, die Ihnen eng verbunden und wohlgesonnen sind, haben oft das beste Gespür dafür, wann Sie an sich vorbeiarbeiten. Und bedenken Sie auch: künstlerische Karrieren verlaufen nicht linear, sondern in Wellen – das wissen diejenigen sehr gut, die nach einer Phase großen Erfolges wieder andere erlebt haben. Ein Schauspieler schilderte mir sein diesbezügliches Erwachen, als er beim Casting nach vielen Jahren erstmalig wieder am Empfang seinen Namen nennen und sogar buchstabieren musste. Echte Fans bleiben auch dann, wenn das Business Sie gerade abgeschrieben hat.

Exkurs 2: Verhandlungen

Gagen- und Vertragsverhandlungen rufen alle Schwierigkeiten auf, mit denen Kreative beim Selbstmarketing kämpfen. Hier ist die *dritte Person* im Einsatz und sollte bestens darauf eingestimmt und vorbereitet sein. Das muss nicht heißen, dass sie es selbst übernimmt. Ihr Auftrag kann auch darin bestehen, realistisch einzuschätzen, ob diese Aufgabe besser einer anderen Person übertragen wird. Sollte der Verhandlungskelch an Ihnen vorübergehen, da Sie von einer Agentur, einem Management oder einer Galerie vertreten werden – sehr schön. Aber auch, wenn Sie noch nicht vertreten werden, könnten Sie sich für eine anstehende Verhandlung nach Verstärkung umsehen, denn manche professionellen Vertretungen bieten an, einzelne Verhandlungen zu übernehmen, ohne Sie langfristig zu vertreten. Ich selbst habe das als Agentin schon häufiger so gehandhabt. So können die Betreffenden selbst entscheiden, in welchem Fall ihnen eine prozentuale Abgabe angemessen erscheint und müssen keine weiteren Provisionszahlungen leisten, wenn sie darüber hinaus keine Leistung in Anspruch nehmen möchten. Ein weiteres Konzept, auf das einige zurückgreifen, ist, sich im Kollegenkreis gegenseitig zu vertreten. Gegebenenfalls kann auch jemand, der ansonsten mit dem Metier nicht vertraut ist, hilfreich sein. Ich denke an eine junge Musikerin, die sicher sehr gut für sich selbst verhandelt hätte, aufgrund ihrer Jugend aber nicht ernst genommen wurde. Sie bearbeitete ihre Angebote, formulierte die offenen Fragen und zu verhandelnden Punkte, ließ sie dann jedoch von einer älteren Freundin kommunizieren.

> Es gibt kein allgemein gültiges Rezept, aber einen Strauß an Möglichkeiten, Verhandlungen weniger lästig und effektiver zu gestalten.

Auch hier sollten Sie bewusst und strategisch vorgehen:

- Was kann ich?
- Was kann ich nicht?
- Was möchte ich erlernen?
- Was möchte ich delegieren?
- Wie kann ich finanzielle, steuerliche und vertragliche Fragen abgeben, ohne aber den Überblick über meine geschäftliche Situation zu verlieren?

Beachten Sie, dass die Antworten auf diese Fragen sich im Laufe Ihres Lebens auch verändern können. Noch einmal: Sie sind als Künstler bzw. Künstlerin ein Ein-Personen-Unternehmen. Kümmern Sie sich um jede Abteilung Ihres Unternehmens bzw. sorgen Sie dafür, dass dort in Ihrem Sinn gearbeitet wird. Es gibt Kunstschaffende, die ihr Unternehmen bestens im Griff haben und andere, die eher die Vogel-Strauß-Taktik anwenden und ein böses Erwachen erleben, wenn z. B. Steuernach- oder -vorauszahlungen zum selben Zeitpunkt anfallen. Oder wenn ihr Vertrag den Krankheitsfall oder Ausfälle wegen schlechten Wetters nicht abdeckt. Ich habe einige dabei begleitet, ihre persönliche Bürokratie zu bewältigen – welches Erfolgserlebnis! Ich möchte denjenigen von Ihnen, die sich hier angesprochen fühlen, Mut machen: diese Dinge lassen sich erlernen und beherrschen. Greifen Sie für den Anfang auf das Konzept der Bürozeit zurück.

Mareike, 26 und Betty, 28:

„Wir haben beide große Schwierigkeiten, gut für uns zu verhandeln und fragen uns, warum das so ist: Weil wir uns nicht trauen, Geld für etwas zu nehmen, das uns Spaß macht? Weil wir Frauen sind? Oder weil wir nicht genug von uns halten? Wenn wir das wüssten, könnten wir es in Zukunft verbessern."

Alina Gause:

Zunächst einmal sind wir in allem gut, was wir mit Begeisterung und Interesse tun. Weil wir uns automatisch abverlangen, was es braucht, um gut darin zu werden: wir suchen, sammeln und speichern Informationen. Wir üben und suchen Herausforderungen, um unser Know-how in der Praxis zu überprüfen. Irgendwann erlangen wir Expertise darin. Kreative können sich für vieles begeistern – Verhandlungen gehören in der Regel nicht dazu. So wie es uns Menschen zu etwas hinzieht, das uns interessiert, meiden wir Bereiche, die uns anöden oder belasten und bei denen wir damit konfrontiert werden, dass wir schlecht darin sind. Ich nehme an, bei Ihnen ist das mit Verhandlungen so? Die schlechte Nachricht ist: das wird sich nicht von selbst verbessern. Die gute: es ist möglich, dass aus der Beschäftigung mit einer ursprünglich unangenehmen Sache Interesse und Begeisterung dafür erwachsen. Und daraus wiederum die Kompetenz. Wenn Sie also wirklich etwas ändern möchten, müssen Sie hier ansetzen: gehen Sie auf das Thema Verhandlungen zu, anstatt es nur im Notfall schnell hinter sich zu bringen. Das ist leichter gesagt als getan – das ist mir bewusst. Denn wenn Sie für sich selbst als „Produkt" verhandeln, werden alle unangenehmen Themen aufgerufen, die Sie bereits benannt haben: der besonders angespannte Markt der Branche und der Gender-Gap für Sie als Frauen. Das Image von Kunstschaffenden als vermeintliche „Luxus-Selbstverwirklicher" in einer Leistungsgesellschaft, die noch nicht verstanden hat, dass Spaß und Selbstverwirklichung unschätzbare Motoren für Leistung sind und die beste Prävention gegen Burnout, Sinnkrisen und mangelnde Work-Life-Balance. Es verwundert also nicht, dass Sie Schwierigkeiten haben, gut für sich selbst zu verhandeln, weil Sie aus der Routine der täglichen Rechtfertigung gegenüber Ihrem Umfeld Ihre Position als Verhandlungspartnerinnen als schwach einstufen.

Betrachten Sie das Ganze einmal aus der Perspektive von professionellen Vertretungen, die in diese Probleme nicht oder weniger verstrickt sind. Wie gelingt es ihnen, gut zu verhandeln? Sie suchen, sammeln und speichern Informationen dazu, welche Gagen aktuell gezahlt werden und lassen sich nicht von Informationslücken irritieren, weil sie um die mangelnde Transparenz auf dem Markt wissen. Sie sorgen für bestmögliche Konzentration durch ausreichend Zeit und Ruhe. Sie bereiten sich vor – rechnen Konstellationen durch und vergleichen verschiedene Szenarien von Karriereentwicklungen. Sie bringen ihre jeweiligen persönlichen Qualitäten ein wie z. B. Verbindlichkeit, Humor, Anständigkeit, Kampfgeist oder Charme. Und sie benennen die Stärken des Produktes, das sie aus zwei Gründen anbieten: sie halten es für geeignet und verdienen damit ihren Lebensunterhalt. Sie sehen also: es steckt kein Geheimnis hinter guten Verhandlungen. Nur Arbeit und persönlicher Einsatz. Und damit sind Sie als Künstlerinnen bestens vertraut.

Checkliste Vertragsverhandlungen

Vorbereitung

1. Informationen suchen, sammeln und speichern

   - Welche Gagen werden aktuell für welche Leistungen gezahlt?
   - Welche offiziellen und inoffiziellen Quellen gibt es dazu?
   - Entstehen in diesem Engagement besondere Kosten (Reisen, Unterkunft, Lebenshaltungskosten der Region, Trainings, Material)?
   - Steuerliche Besonderheiten?

2. Eine eigene Kosten-Nutzen-Rechnung

   - Spaß/Erfüllung, Geld, Karriereschritt: für welchen dieser Benefits ist gesorgt?
   - Wo stehen Sie aktuell im Leben und in Ihrer Karriere? Wie sollte sich das in dem Vertrag abbilden?
   - Welche Gage würde Ihnen subjektiv ein angemessenes und gutes Gefühl vermitteln?

3. Szenarien entwickeln

- Rechnen Sie verschiedene Konstellationen im Vorhinein durch und schreiben Sie sie auf, damit Sie vorbereitet sind, wenn es plötzlich heißt: Jahresgage/Wochengage/Monatsgage/Pauschalgage?
- Überlegen Sie, wie Ihre Wunschgage ggf. auch über steuerfreie Zuschläge (Wohnkosten, Beteiligung an der Agenturprovision oder Coaching) erreicht werden kann.

4. Das Produkt

- Machen Sie sich bewusst und notieren Sie ggf., welche Leistung(en) Sie erbringen.
- Finden Sie Worte für Ihre Stärken, damit Sie während der Verhandlung nicht danach suchen müssen.
- Vergessen Sie nicht, warum Sie Ihr Produkt anbieten:
  - Sie halten es für geeignet.
  - Auch Ihr Gegenüber hält es für geeignet, sonst hätte man Ihnen kein Angebot gemacht.
  - Sie verdienen damit ihren Lebensunterhalt.

Verhandlung

1. Das Medium

- Falls möglich, wählen Sie Ihr bevorzugtes Medium – persönlich, telefonisch, per Mail.

2. Die Umstände

- Sorgen Sie für Konzentration durch ausreichend Zeit und Ruhe.
- Halten Sie Notizblock, Stift und Ihre notierten Informationen und Beispielrechnungen bereit.

3. Ihr Stil

- Orientieren Sie sich in der Kommunikation an Ihren persönlichen Qualitäten und Überzeugungen wie z. B. Verbindlichkeit, Humor, Anständigkeit, Kampfgeist oder Charme.
- Vielleicht möchten Sie den Stil Ihrer *dritten Person*, die diese Verhandlung durchführt, vom Stil der ersten und zweiten Person bewusst abgrenzen?
- Geben Sie sich die Chance dazu, in dieser Rolle überraschende, neue Seiten an sich zu entdecken.

4. Der Prozess

- Es ist möglich, dass Sie die Verhandlungen nicht im ersten Schritt abschließen.
- Dokumentieren Sie jeden Stand der Verhandlungen für sich.
- Nehmen Sie sich ausreichend Zeit: Hören Sie erst einmal, was Ihr Gegenüber anbietet und melden sich nach einer vereinbarten Bedenkzeit.
- Holen Sie weitere Informationen ein: gibt es Aussagen Ihres Gegenübers, die Sie im Kollegenkreis oder bei Berufsverbänden überprüfen möchten?
- Wiederholen Sie die Vorbereitung und gehen Sie dann in die nächste Phase.
- Seien Sie sich bewusst, dass eine laufende Verhandlung Ihnen zeitliche, gedankliche und psychische Kapazitäten abverlangt und planen Sie dementsprechend.

Präsentationsmaterial – Fotos, Website, soziale Netzwerke & Co

Fotos

Porträtfotos von sich machen zu lassen, trifft ins Mark dessen, was die meisten kreativen Persönlichkeiten nicht mögen. Denn sie möchten ihr Können, ihr Produkt oder ihr Werk präsentieren und nicht sich selbst. Auch diese Tatsache überrascht viele, die selbst nicht künstlerisch tätig sind. Müssten nicht gerade Künstler und Künstlerinnen – vor allem die darstellenden – vor jede sich bietende Kamera springen? Das ist eher nicht der Fall. Natürlich nicht alle, aber doch sehr viele Kunstschaffende betrachten die Produktion von Porträtfotos als eine lästige Pflicht, der sie nur nachkommen, wenn es unbedingt sein muss. Damit unterschätzen sie die Notwendigkeit, schieben die Erledigung immer wieder auf oder gehen es gar nicht an. Wird dann unverhofft ein Foto – für den Buchdeckel, eine Bewerbung, die sozialen Netzwerke, PR, das Programmheft oder zur Illustration eines Interviews – angefordert, muss auf Material zurückgegriffen werden, das die zweite Person nicht adäquat präsentiert. Im Schauspielbereich ist dieser Teil in der Regel gut versorgt: die Betreffenden erneuern mindestens alle zwei Jahre ihre Fotos. Im Bereich Literatur, Grafikdesign, Musik, Musical, Regie, Dramaturgie, Drehbuch – selbst bei Fotografen und Fotografinnen – ist es hingegen nicht selbstverständlich, ein Foto zur Hand zu haben, mit dem man sich gerne und gut präsentiert. Ihre *dritte Person* sollte wissen, dass es sich mit einem schönen Foto viel leichter werben lässt und künftig dafür sorgen, dass eines zur Verfügung steht.

> Nehmen Sie die Produktion Ihrer Fotos in die Hand und gestalten sie – wie alles andere – nach Ihrem Geschmack. Dann werden Sie sehr gute Resultate erzielen können und gegebenenfalls sogar einen schönen Tag verbringen.

Zunächst einmal ist es wichtig zu wissen, wofür die Fotos gebraucht werden. Porträts für den Schauspielbereich müssen wahrscheinlich den meisten Vorgaben entsprechen: der Blick sollte vor allem in die Kamera gerichtet sein. Sie sollten in der Hauptsache die Grundpersönlichkeit des Schauspielers bzw. der Schauspielerin abbilden und in einigen Zusatzmotiven bewusst davon abweichen (mit Brille oder Kopfbedeckung, ggf. historisch oder szenisch anmutend). Ein Ganzkörperfoto und eine Nahaufnahme sollten vorhanden sein. Kreative im Bereich Musik, Bildende Kunst, Autoren und Autorinnen benötigen in der Regel nur ein, zwei Pressefotos, die sie auch über Jahre nutzen können. Sie sind vollkommen frei darin, was Sie für richtig halten. Ihr Porträt kann den Ausdruck Ihrer Kunst widerspiegeln, muss es aber nicht. Wenn Sie Lust haben, das zu konterkarieren –

bitte schön! Im Musik- und Musicalbereich gibt es mehr Freiräume in der Präsentation der eigenen Person, als die Betreffenden oft denken. Daher sehen wir viele Fotos, bei denen uns die Porträtierten austauschbar erscheinen. Ich möchte Sie dazu ermuntern, auch hier den kreativen Kern den Ton angeben zu lassen. Potenzielle Arbeitgeber und Arbeitgeberinnen werden visuell überflutet. Die Qualität der Fotos hat sich in den letzten Jahren enorm gesteigert – ein handwerklich gut ausgeleuchtetes Bild zu erreichen, ist heute nicht mehr so schwierig wie noch vor zwanzig Jahren. Umso mehr ist unsere Sehgewohnheit auf bestens frisierte, geschminkte und belichtete Personen ausgerichtet und wir überfliegen die vielen gutaussehenden Menschen, die uns da entgegenblicken. Ein individueller Ausdruck ruft daher am meisten Interesse hervor. Es gibt ein Schauspiel-Coaching-Institut, das seinen Vorraum mit Porträts aller Schauspieler und Schauspielerinnen tapeziert hat, die dort Unterricht genommen haben. Ich bin immer wieder erstaunt darüber, wenn ich dort bin, wie schnell meine Augen sich daran gewöhnen und ich sehr gute Fotos als uninteressant bewerte und nicht wirklich wahrnehme. Ich wundere mich, dass gerade an diesem Ort mit der Fotowand immer wieder auf diese frustrierende Tatsache hingewiesen wird. Überlegen Sie genau, worauf es Ihnen bei Ihrem Foto ankommt. Was möchten Sie kommunizieren? Begeben Sie sich für diese Gedanken wieder in die (Meta-)Position der *dritten Person*, die die zweite bestmöglich präsentieren möchte. Die private Person hat an dieser Stelle einmal Pause und die kreative muss sich vertrauensvoll hingeben.

Checkliste Fotos	
Worauf es ankommt	**Worauf es nicht ankommt**
Technischer Mindeststandard	Technische Höchstleistung
Ausreichend Zeit	Viel Zeit
Eine Idee des Fotografen/der Fotografin, wie er/sie Ihren Bedarf umsetzen kann.	Dass der Fotograf/die Fotografin seine/ihre künstlerische Vision vor Ihren Bedarf setzt
Eine angstfreie und würdevolle Atmosphäre (wer kann Sie vor Ort ggfs. unterstützen?)	Eine den Bedürfnissen des Fotografen/der Fotografin angepasste Gestaltung der Session. Ein guter Fotograf/eine gute Fotografin weiß, dass er/sie von einem Model, das entspannt ist, ein besseres Foto machen wird.
Fotosessions sind anstrengend – seien Sie darauf vorbereitet, einen harten Arbeitstag vor sich zu haben (der trotzdem in guter Stimmung verlaufen kann)	Ein hoher Bekanntheitsgrad des Fotografen/der Fotografin
Eine gute Vorbereitung (Outfits, Schlaf, Wasser, Make-Up, Haare).	Dass der Fotograf/die Fotografin Sie mag
Klarheit bei allen Beteiligten, was das Foto kommunizieren soll. Das erfordert eine ausführliche Vorbereitung – vor allem, wenn Fotograf(in) und Künstler(in) sich vorher nicht kannten.	Dass Sie mit dem Make-up-Artist arbeiten, den der Fotograf/die Fotografin empfiehlt
	Dass Sie ein Model sind

Website

Eine eigene Website ist definitiv hilfreich. Es gibt Ihnen die Möglichkeit, an einem Ort im Netz selbstbestimmt die Wahrnehmung Ihrer Gesamtpersönlichkeit zu gestalten. Nicht selten übernimmt bei Künstlern und Künstlerinnen, die keine eigene Website haben, der Wikipedia- oder Google-Eintrag diese Funktion, was bedauerlich ist. Als ich mit diesem Absatz begann, dachte ich zunächst „Die Leser und Leserinnen werden denken, ich halte sie für Grundschüler(innen)!". Aber gerade, als ich im Frühjahr 2020 während der Corona-Krise kostenfreie Telefonberatungen anbot und mich im Vorfeld in aller Kürze darüber informieren wollte, mit wem ich gleich sprechen würde, konnte ich dies nur in der Hälfte der Fälle tun und erfuhr im Gespräch dann auch, dass die eigene Homepage bereits seit Ewigkeiten ihr Dasein auf der To-do-Liste fristet.

Eine Homepage zu erstellen, ist heute einfacher denn je. Sie selbst bestimmen je nach eigener Kompetenz die Freiheitsgrade der Gestaltung. Man kann sagen: Je freier desto schwieriger. Ihnen reicht ein klares, modulares Konzept ohne Schnickschnack? Das schaffen Sie selbst. Sie wollen es kompliziert? Dann suchen Sie sich professionelle Unterstützung.

Aber es soll auch nicht unerwähnt bleiben, dass eine Website nicht zwingend notwendig ist. Vielleicht arbeiten Sie in einer Institution, die Sie im Netz sehr gut präsentiert? Es gibt kein Gesetz, nachdem man nur mit einer eigenen Website professionell aufgestellt ist. Für Schauspieler und Schauspielerinnen, die ausschließlich im Filmbereich tätig sind, führt eine eigene Website möglicherweise sogar am (Marketing-)Ziel vorbei. Sie sollten auf allen Casting-Plattformen mit dem Profi-Eintrag vertreten sein. Viel wichtiger als eine eigene Homepage ist es, hier die Profile immer aktuell zu halten und mit kleinen Videos spezielle

Skills wie Sprachen oder Sportarten zu präsentieren. Verirrt sich eine Castingagentur auf die eigene Website, auf der möglicherweise die Kategorie „News" nicht ansprechend gefüllt ist, experimentelle Theater-Improvisationen oder andere Seitenwege der kreativen Persönlichkeit präsentiert werden, verliert sie vielleicht nicht das Interesse, aber den Überblick und darüber das Interesse. Dementsprechend wichtig ist eine eigene Homepage für alle, denen das Netz keine zugeschnittene Präsentationsmöglichkeit bietet. Gerade bildende Künstler und Künstlerinnen müssen sich der Herausforderung stellen, die Präsentation ihrer Kunst diesem Medium anzupassen. Ich denke hierbei z. B. an eine Künstlerin, deren Kunstwerke zwar wie Bilder gehängt werden, aber eine dreidimensionale Textur aufweisen. Fotos übertragen den Reiz dieser Werke nicht. Sie fand die passende Präsentation in einem speziellen Video-Format. Videos von Installationen sind häufig so unattraktiv wie Videos von Bühnenproduktionen. Es lohnt sich, hier die zweite Person zu aktivieren und für die Präsentation eine eigene Kunstform zu finden. Für Sänger und Sängerinnen gilt dies z. B. auch, wenn es um Gesangsdemos geht. Natürlich erkennt ein Profi, ob eine Live-Aufnahme beeindruckend sauber ist. Aber es gibt viele Auftraggeber und Auftraggeberinnen, die beim Abhören eines Demos unserer allgemeinen Hörgewohnheit folgen und damit eine perfekte (da technisch bearbeitete) Intonation erwarten.

> Die Website ist nicht der Ausdruck Ihrer Persönlichkeit – das ist Ihre Kunst. Die Website ist das Kommunikationsmittel, um diese Kunst möglichst gut zu präsentieren.

Damit Sie für sich bestimmen können, ob eine Website erforderlich ist und wenn ja, was Sie dort auf welche Weise präsentieren sollten, beginnen Sie mit einem ersten simplen Schritt: suchen Sie sich selbst im Netz.

Suchmaschinen-Test

Geben Sie Ihren Namen in unterschiedliche Suchmaschinen ein. Entspricht das Ergebnis dem, was Sie gerne potenziellen Arbeitspartnern und -partnerinnen über sich vermitteln möchten?
Ziehen Sie aus diesem Test Schlüsse, ob und wenn ja wo Veränderungsbedarf besteht:

1. Sind Ihre Produkte zu finden?
   Es sollte möglich sein, mit zwei Klicks zu einem Ihrer Werke zu gelangen. Klick 1: Ihr Name. Klick 2: auf das Bild, das Video, den Link, die Plattform, die Website, wo man direkt in den Genuss Ihres Gesangs, Spiels, Bildes oder sonstigen künstlerischen Ausdrucks kommt.
2. Sind Sie in ausreichender Qualität präsentiert?
   Hierbei gilt: Zeigen Sie im Netz nichts, das Ihnen nicht gerecht wird – weniger ist mehr! Sie wollen neugierig machen, nicht den Bedarf bereits an dieser Stelle sättigen.
3. Ist Ihre Bandbreite ausreichend abgebildet?
   Dies gilt für diejenigen von Ihnen, deren Produkt vor allem in der Vielseitigkeit besteht. Überlegen Sie genau, was Sie davon in Ihr Angebot aufnehmen möchten.
4. Wie hoch ist die Verwechslungsgefahr mit der Konkurrenz?
   In Workshops ergeben sich dabei häufig interessante Anregungen zur Diskussion eines Künstlernamens oder Pseudonyms. Eine Künstlerin, mit der ich den Test durchführte, stellte z. B. fest, dass sie eine sehr erfolgreiche Namensvetterin hat. Da die Konkurrentin ihr weit voraus war im Bekanntheitsgrad, entschied sie sich zu einer leichten Namensänderung. Andere berichten, dass sie nicht gefunden werden, da ihr Name (zumindest im deutschen Raum) so schwer zu buchstabieren ist, dass es immer wieder zu Tippfehlern kommt.
5. Gleichen Sie das Ergebnis mit Ihren Erkenntnissen aus der bisherigen Lektüre dieses Buches ab: entspricht das Bild dem, wohin Sie langfristig möchten und womit Sie sich identifizieren?
   Vielleicht ist alles, wie es sein sollte und gefällt Ihnen dennoch nicht? Vielleicht haben Sie sich innerlich schon weiterentwickelt und äußerlich ist das nicht gut abgebildet? Einmal erzählte eine Teilnehmerin in einem Workshop, dass sie ihre Selbstvorstellung (die gerade noch von den anderen hochgelobt worden war) nicht

> mehr hören könne. Sie spule sie seit Jahren unverändert ab, weil sie immer gutes Feedback dafür bekomme, sei dabei aber immer unbeteiligter. Dann überlegen Sie, wie Sie das ändern könnten. Wie möchten Sie das Material ergänzen oder ausdünnen?
> 6. Überlegen Sie bei jeder Materialerstellung auch, wie nachhaltig es benutzt werden kann.
>
> Ein „About-me-Video" ist möglicherweise schon nach sechs Monaten nicht mehr aktuell, da Ihre Haare anders aussehen, Sie ggf. schwanger oder nicht mehr schwanger sind und die Aufzählung Ihrer Referenzen sich geändert hat. Eine musikalische Demo-Aufnahme hingegen kann ein Leben lang interessant bleiben. Beziehen Sie diese Überlegungen mit ein, wenn Sie die Höhe der Investitionen einschätzen.

Auf die Gefahr hin, dass die Wiederholung Sie ermüdet, möchte ich Sie auch beim Thema Website an die Politik der kleinen Schritte erinnern: Nähern Sie sich Bürozeit für Bürozeit dem Soll-Zustand an. Manchmal gelingt einem sehr schnell der richtige kleine Clip zur Selbstvorstellung, der gute Text, das ansprechende Portfolio, manchmal braucht es Monate dazu, bis man alle Zutaten zusammenbringen kann oder überhaupt eine zündende Idee hat.

> **Leitfaden zur Planung einer Website**
>
> 1. Recherche
>
>   - Was ist in Ihrem Fach üblich?
>   - Sind Sie damit einverstanden oder möchten Sie es anders machen?
>   - (Dann machen Sie es anders!)
>   - Was gibt es bereits?
>   - Was gefällt/missfällt Ihnen davon?
>   - Legen Sie dafür Dateien mit den Beispielen an, die Sie ggf. einem Webdesigner zeigen können, um sich zu erklären.

2. Nutzen

- Welchen Vorteil möchten Sie selbst aus der Website ziehen?
- Von wem soll Ihre Website genutzt werden?
- Wofür?
- Welche Konsequenzen ergeben sich daraus (z. B. Sprachen, Webshop, Kalender)?
- Wie langfristig soll die Website konzipiert sein?

3. Vorarbeit

- Erstellen Sie auf der Basis dessen, was Sie schon wissen, einen Entwurf. Wählen Sie dafür Ihr bevorzugtes Material: Papier, Word-Datei, Karten, Mind-Map auf einem Flip-Chart, …
- Sammeln Sie Fotos, Videos, Texte, Presseberichte, Hörbeispiele und ähnliches Werbematerial, das Sie voraussichtlich verwenden möchten, in einer Datei.
- Notieren Sie offene Fragen.
- Kommen Sie ins Gespräch darüber – mit Menschen, deren Einschätzung Sie für hilfreich halten. Was denken sie über Ihr Material, den Nutzen, Ihre Zielgruppe?

4. Erstellung

- Falls Sie die Homepage allein erstellen möchten: recherchieren Sie dazu die aktuellen Anbieter, schauen Sie sich die Vorlagen, die Preise und die Handhabung an. Es hat unzählige Vorteile, wenn Sie es selbst in die Hand nehmen. Es allein anzugehen, muss nicht heißen, es ganz allein anzugehen. Gehen Sie die ersten Schritte und greifen Sie auf Erfahrungswerte anderer zurück, wenn sich Hürden zeigen. Zu Beginn des Buches ging ich auf die psychologische Bedeutung von „Selbstwirksamkeit" ein. Gerade wenn Ihnen die Erstellung einer Website nicht locker von der Hand geht, wird dieser Prozess Ihr Konto an Selbstwirksamkeit erheblich auffüllen.
- Falls Sie die Erstellung der Homepage in andere Hände geben möchten: lassen Sie sich Zeit mit der Suche nach dem richtigen Partner oder der richtigen Partnerin dafür, was die Kosten, Übereinstimmung in ästhetischen Fragen, Verlässlichkeit der Kommunikation und Verbindlichkeit in der Erledigung anbelangt.

> Abschließend noch eine schlechte und eine gute Nachricht. Die schlechte: eine Website zu erstellen, ist in der Regel langwierig und aufwändig. Die gute: mit dieser Arbeit erledigen Sie ein Großteil dessen, was Sie an Profilschärfung, Materialerstellung und Selbstdarstellung ohnehin bewältigen müssen.

Soziale Netzwerke

Soziale Netzwerke – neudeutsch Social Media – sind ein schnelllebiges Medium. Meine Kinder würden es z. B. für vollkommen überflüssig halten, sich heute noch näher mit Facebook zu beschäftigen. Ich möchte daher nicht auf die Nutzung der spezifischen sozialen Netzwerke eingehen, sondern Ihnen einen Vorschlag machen, wie Sie grundsätzlich an ein solches Tool herangehen können, das ausschließlich Selbstmarketing bezweckt und Ihnen möglicherweise privat zuwider ist. Als Beispiel wähle ich Instagram, weil es aktuell in den Beratungen am häufigsten Anlass zur Verzweiflung gibt.

Manchen liegt es einfach. Sie haben ein Händchen dafür, sich visuell zu präsentieren. Sie tun das gerne und oft, fühlen sich dort in ihrem Element und haben dementsprechend viele Follower. Denjenigen habe ich ganz sicher keinen Mehrwert beizusteuern. Ich möchte mich hingegen lieber an diejenigen richten, denen soziale Netzwerke überhaupt nicht liegen. Diese (große) Gruppe kann man noch einmal aufteilen: auf der einen Seite sind die, denen das egal ist. Sie lassen Social Media Social Media sein und das kann gerne so bleiben. Und auf der anderen Seite sind die, die es zwar persönlich ablehnen, aber einen beruflichen Gewinn für sich darin vermuten und sich dem deshalb stellen möchten. Für Sie ist dieser Teil gedacht.

Ich habe bereits häufiger angesprochen, wie desaströs es sich für kreative Persönlichkeiten auswirkt, wenn sie sich dem, was sie tun, nicht verbunden fühlen. Das Ziel ist also, Instagram nicht in der Form anzugehen, wie Sie es erleben, wenn Sie hineinschauen: fremd. Anbiedernd. Nicht mit den eigenen Werten zu vereinbaren. Sondern es sich zu eigen zu machen. Soziale Netzwerke sind ein Werkzeug – ein Mittel zum Zweck. Sie müssen sie sich untertan machen. Dafür empfehle ich folgendes Vorgehen:

Leitfaden zur Erstellung eines Profils in den sozialen Netzwerken

Schritt 1:
Erwarten Sie nicht, dass Ihnen die Beschäftigung damit Spaß macht. Das ist harte Arbeit!

Schritt 2:
Machen Sie sich damit vertraut. Schauen Sie hinein. Regen Sie sich darüber auf, was Sie furchtbar finden. Schauen Sie länger auf das, was Ihnen gefällt. Notieren Sie sich, was den Unterschied ausmacht.

Schritt 3:
Machen Sie sich bewusst, von wem Sie gerne mit Ihrem öffentlichen Ich wahrgenommen werden möchten. Und auch, vom wem Sie denken, dass Sie wahrgenommen werden. Gibt es einen „Ideal-Fan"? Instagram ist dazu gedacht, diesem Ideal-Fan Informationen über Sie zukommen zu lassen, weil er sich darüber freut, nicht um ihn zu belästigen. Geben Sie diesem Modell-Adressaten also ein Alter, ein Geschlecht, ein Gesicht, eine Weltanschauung, vielleicht sogar einen Namen? Nebenbei bemerkt: diesen Ideal-Fan können Sie bei allen Marketingfragen hinzuziehen und sich vorstellen, wie er oder sie Ihre Aktivität beurteilen würde.

Schritt 4:
Entwickeln Sie Ihr eigenes Instagram-Profil, ohne es bereits öffentlich anzulegen. Entwerfen Sie verschiedene Posts – Texte, Ankündigungen, Fotos, Filmchen. Vielleicht haben Sie Ideen für regelmäßige Aktionen (Verlosungen, Arbeitsproben, Mitteilungen)? Alles, wohinter Sie nicht zu 100 % stehen können, wird verworfen. Checken Sie neben Ihrer eigenen Meinung auch immer wieder, ob Ihr Ideal-Fan den Post mögen würde.

> **Zwischenschritt: Technik-Check**
> Haben Sie beim Entwerfen der Posts bemerkt, dass Ihre Beiträge nicht die gleiche Bild-, Ton- und gestalterische Qualität haben wie die anderer?
>
> - Überprüfen Sie die besonderen Einstellungen der jeweiligen Plattform.
> - Überprüfen Sie Ihr Know-how im Umgang mit Kamera, Mikrofon und Bildgestaltung.
> - Überprüfen Sie Ihre technische Ausstattung. Auch für kleines Geld lassen sich heute erstaunliche Verbesserungen erreichen.
>
> Fragen Sie bei versierten Freunden und Freundinnen nach. Falls Sie Webtutorials mögen, werden Sie zu diesen Fragen im Internet fündig.
> **Schritt 5:**
> Legen Sie ein Archiv für diese Posts an, damit Sie nie in die Verlegenheit kommen, unter Ihren Qualitätsanspruch zu fallen, wenn Sie lange nichts gepostet haben und versucht sind, etwas zu veröffentlichen, das Ihnen nicht entspricht, nur damit etwas von Ihnen zu sehen ist.
> **Schritt 6:**
> Legen Sie ein Instagram-Profil an, das ausschließlich für Ihre beruflichen Belange gedacht ist. Instagram ist ein Kommunikationsweg für die *dritte Person* – die Privatperson hat hier nichts zu suchen. Es sei denn, Sie möchten diese Grenze bewusst aus strategischen Gründen vermischen und Bilder Ihrer Familie, der Kinder, Erlebnisse am Heimatort, Ihre Hochzeit oder das private Abendessen dort teilen. Ansonsten nutzen Sie dafür und für Katzenvideos ein Incognito-Profil.
> **Schritt 7:**
> Posten Sie!

& Co

Mit den folgenden Übungen wollen wir noch einmal Ihre *dritte Person* als Hauptakteurin in Sachen Ihres Selbstmarketings gezielt trainieren. Es gibt viele Situationen, in denen sie unvermittelt für Sie werben muss. Stellen Sie sich noch einmal die Situation vor, die ich bei der Einführung der *dritten Person* erwähnte: Sie sitzen bei einer privaten Geburtstagsfeier im kleinen Kreis. Sie gehen davon aus, dass Sie hier ausschließlich als Privatperson sitzen. Völlig unerwartet entpuppt sich Ihr Sitznachbar als ein für Sie hochattraktiver Arbeitgeber und Sie vollziehen unweigerlich den Wechsel von der privaten zur *dritten Person*. Oder Sie werden im Supermarkt in einer für Sie beruflich entscheidenden Angelegenheit angerufen. Oder Sie begleiten jemanden zu einer Premiere und auf einmal möchte die Pressereferentin Sie interviewen oder fotografieren. In diesen Momenten wechseln Sie, ob Sie wollen oder nicht, in die *dritte Person*. Es ist angenehmer, wenn Sie darauf vorbereitet sind. Und diese Vorbereitung sollte sich über einen längeren Zeitraum hinweg entwickeln können. Das erhöht die Wahrscheinlichkeit, dass es eine authentische zweite Haut wird und keine aufgesetzt wirkende Hülle.

Die *dritte Person* übernimmt die Kommunikation für Ihr Produkt. Das heißt, sie muss es in Haltung, Sprache, Auftreten, Wirkung, Image möglichst gut repräsentieren. Nicht im Sinne einer Ähnlichkeit, sondern eher im Sinne eines Managements, von dem Sie auch wollen würden, dass es sich, wenn es Sie vertritt, auf eine Weise zeigt, mit der Sie einverstanden sind. Ihre *dritte Person* soll dort, wo sie sich zeigt, ihrer Umwelt vermitteln, dass der Künstler bzw. die Künstlerin in Ihnen

- liebt, was er/sie tut,
- Leistungsbereitschaft und Können mitbringt,
- Verantwortung übernimmt,
- sich dort kooperativ zeigt, wo man ihm/ihr kooperativ begegnet,
- Humor hat,
- seine/ihre Umwelt aufmerksam wahrnimmt und
- nicht zu allem und um jeden Preis bereit ist.

Vorbereitung der *dritten Person*

Um Ihre *dritte Person* gut für Selbstwerbungs-Herausforderungen auszustatten, bereiten Sie sich schon jetzt vor, noch bevor Sie von einer Situation überrascht werden:

1. Machen Sie sich wortwörtlich ein Bild von Ihrer *dritten Person*

   - Welche Outfits könnten für welches Parkett zu ihr passen?
   - Worin fühlen Sie sich wohl und frei und nicht verkleidet und gehemmt?
   - Lassen Sie sich von Medien und Menschen dazu inspirieren, wie Sie sich selbst am besten gefallen würden.
   - Wenn Styling nicht Ihr Ding ist: vielleicht haben Sie Lust, sich dafür Unterstützung zu holen?

2. Tragen Sie Ihr Informationsmaterial bei sich

   - Mitnichten sollen Sie anderen Ihre Visitenkarten oder Flyer in unpassender Weise aufdrängen, aber sollte Ihnen jemand begegnen, der Ihre Kontaktdaten oder Material über Sie wünscht, sollten Sie es parat haben und nicht in der Not sein, Ihre Telefonnummer oder den nächsten Präsentationstermin auf einen Kassenzettel zu kritzeln.

3. Üben Sie, über sich selbst zu sprechen

   - Tauschen Sie sich im Freundes- und Familienkreis, mit dem Partner, der Partnerin darüber aus, was Ihnen dabei schwerfällt. Vielleicht können sie Ihnen nützliche Anregungen zur Beschreibung Ihrer Person und Kunst geben?
   - In der nachfolgenden Übung „Elevator Pitch" biete ich Ihnen ein Vorgehen an, wie Sie allein oder zu zweit üben können, sich selbst zu präsentieren.

Übung „Elevator Pitch"

Die Bezeichnung „Elevator Pitch" rührt von der Vorstellung her, dass Ihnen im Fahrstuhl eine beruflich interessante Person begegnet und Sie es schaffen möchten, sich innerhalb der kurzen Fahrt so zu präsentieren, dass daraus ein weiterführender Kontakt entsteht.

Ziel der hier vorgestellten Übung ist es, dass Sie verstehen, was Sie persönlich brauchen, um sich in der Rolle des/der sich selbst Vorstellenden wohl zu fühlen. Denn je wohler Sie sich darin fühlen, desto wohler fühlt sich auch Ihr Gegenüber mit Ihnen. Darüber hinaus geht es auch darum, dass Sie herausfinden, welche Informationen Sie einsetzen möchten, um sich Ihrem Anliegen entsprechend optimal vorzustellen.

Solo-Version

a) Versuchen Sie einmal, in 60 Sekunden einer fiktiven Person zu erzählen, wer Sie sind, was Sie tun und warum es sich lohnt, mit Ihnen zu arbeiten oder Ihre Kunst zu erwerben.
b) Sollte Ihnen das nicht so gelingen, wie Sie es gerne hätten, versuchen Sie es in einem ersten Schritt damit, 60 Sekunden für einen von Ihnen bewunderten Kollegen oder eine Kollegin zu werben. Bitte sprechen Sie auch in dieser Version der Übung in der Ich-Form.
c) Halten Sie abschließend für sich fest (ggf. auch schriftlich in Stichpunkten):

- Womit fühlen Sie sich wohl bzw. unwohl?
- Woran können Sie das festmachen – mimisch, gestisch, sprachlich, inhaltlich?
- Welche Informationen halten Sie künftig für wichtig, welche sind zu vernachlässigen?

d) Falls Sie sich zunächst als eine andere Person vorgestellt haben: Wiederholen Sie ggf. die Selbstvorstellung noch einmal aus Ihrer eigenen Perspektive.

Duo-Version
Sie können sich auch mit einem realen Gegenüber dazu verabreden.

a.) Präsentieren Sie zuerst sich selbst voreinander.
b.) Tauschen Sie sich darüber aus, wie Sie sich gefühlt haben und was Ihnen aufgefallen ist.
c.) Verständigen Sie sich dann für die Partnervorstellung darüber, was aus Sicht des/der Vorgestellten in der Präsentation enthalten sein sollte. Die Präsentierenden sollten auch aktiv nachfragen, um sich gut aufgestellt zu fühlen, das Gegenüber bestmöglich zu präsentieren.
d.) Präsentieren Sie dann Ihr Gegenüber. Auch in dieser Version der Übung bitte jeweils in der Ich-Form sprechen.
e.) Halten Sie abschließend gemeinsam fest (ggf. auch schriftlich in Stichpunkten):

- Welche Unterschiede zwischen der Eigen- und der Fremdpräsentation haben Sie bei sich und bei Ihrem Gegenüber bemerkt – sowohl inhaltlich, als auch atmosphärisch, mimisch, gestisch?
- Welche Anteile welcher Version möchten Sie zukünftig beibehalten?

f.) Ggf. können Sie sich abschließend auch noch einmal selbst präsentieren und überprüfen, ob Sie bereits jetzt feststellen können, dass Sie sich sicherer und wohler damit fühlen.

4. Geben Sie der Außenwelt aktiv die Erlaubnis, Sie anzuschauen

- Situationen der *dritten Person* werden unter anderem deshalb so unangenehm empfunden, weil es sich anfühlt, als sei man dem Willen des Gegenübers ohnmächtig ausgeliefert. Denn in der Regel handelt es sich um Bewertungssituationen, in denen das Angebot die Nachfrage eindeutig übersteigt. Rufen Sie sich aktiv in Erinnerung, dass das ein vorübergehender Zustand ist, den Sie selbst gewählt haben, weil dies die Voraussetzung dafür ist, an Ihr Ziel zu gelangen. Sprechen Sie lautlos zu sich selbst: „Es ist okay. Ihr dürft mich ansehen. Ich gebe Euch die Erlaubnis dazu.".

> **Gruppenübung „Ausstellung"**
>
> Die nachfolgende Übung verdeutlicht, welche Auswirkungen es bereits auf uns hat, wenn wir bewusst angeschaut werden. Und sie ermöglicht Ihnen auszuprobieren, wie Sie das Gefühl der Ohnmacht in ein Gefühl der Selbstbestimmtheit verwandeln können, wenn Sie eine innere Erlaubnis dazu aussprechen.
> Hierbei handelt es sich um eine stille Übung.
>
> 1. Teilen Sie die Gruppe.
> 2. Eine Hälfte verteilt sich einzeln im Raum – als ob sie Ausstellungsstücke in einer Galerie wären.
> 3. Die andere Hälfte nimmt für ca. 3 Minuten die Rolle der Ausstellungsbesucher und -besucherinnen ein. Sie gehen von Exponat zu Exponat, betrachten das eine ausgiebiger als das andere, von vorne, von hinten, je nach Geschmack und Laune. Die „Kunstwerke" lassen sich anschauen.
> 4. Dann tauschen Besucher-Hälfte und Exponat-Hälfte die Rollen.
> 5. Kommen Sie danach ins Gespräch:
>
>   - Wie unterscheiden sich die Rollen?
>   - Was hat Sie überrascht?
>   - Was war unangenehm und warum?
>
> 6. Wiederholen Sie die Übung mit der stillen, aber innerlich aktiven Erlaubnis an die Umwelt, Sie anschauen zu dürfen.
> 7. Tauschen Sie sich aus: Konnten Sie einen Unterschied feststellen?

Wir sind am Ende des dritten Kapitels angelangt. Vielleicht haben Sie begleitend zur Lektüre bereits die Übungen durchgeführt und Maßnahmen ergriffen. Oder dieser Weg liegt jetzt vor Ihnen. Beides würde mich freuen. Letztlich bedeutet Selbstmarketing für kreative Persönlichkeiten nichts Geringeres, als dass sie ihren Platz im Leben finden und gestalten.

> Sie stehen hier nicht vor der Entscheidung, ob Sie für sich werben möchten oder nicht. Sondern vor der Wahl des Platzes, den Sie Ihrem kreativen Tun in Ihrem Leben zuweisen möchten.

Vor dem Selbstmarketing zurückzuweichen hieße insofern, vor dem Leben zurückzuweichen. Sich dem „Monster Markt" einmal wirklich gestellt und es kennen gelernt zu haben, hat viele Vorteile: die Wahrnehmung und Wertschätzung Ihrer Kunst durch die bessere Sichtbarkeit ist nur einer. Ein weiterer besteht darin, dass Sie die Vorgänge auf dem Markt besser einordnen können, was Sie wiederum effizienter agieren lässt. Darüber hinaus wird die Auseinandersetzung mit dem Selbstmarketing keine lebenslang offene Rechnung bleiben. Wenn Sie sich eines Tages dazu entscheiden, Ihre kreative Substanz vom Markt abzuziehen, um sie an einem geschützten Ort gedeihen zu lassen, wird das dann eine selbst bestimmte Entscheidung sein. Der Blick zurück wird nicht wehtun, wenn der Weg anders aussah, als Sie ihn sich anfangs vorgestellt hatten.

Viele Kunstschaffende lassen sich noch zu sehr diktieren, wie Erfolg zu definieren ist. Und übersehen dabei das Potenzial, das ihnen gegeben ist, um sich ein erfülltes und lebendiges Leben zu gestalten. Es führen viele Wege nach Rom – was das Selbstmarketing und was den Erfolg anbelangt. Es gibt den Soap-Star, der Da-Da-Gedichte schreibt und in seinem Heimatort aufführt. Den Cellisten, der drei Monate im Jahr um die Welt tourt und die restlichen neun seine vier Kinder betreut. Oder die Regisseurin, die im Alter von fünfzig Jahren ihren zweiten Langfilm gedreht hat, ihren Lebensunterhalt aber anders verdient. Da ist der Gitarrist, dessen einzige CD, an der er zehn Jahre gearbeitet hat, direkt zur CD des Jahres gewählt wurde (von der Nischengemeinde des Jazz). Von seinen Fans und Musikerkollegen und -kolleginnen innig verehrt, lebt er dennoch unter Umständen, die allgemein als prekär bezeichnet werden könnten. Darf die Drehbuchautorin sich wiederum zum Ziel setzen, von ihrem Beruf leben zu wollen und daher keine Arthouse-Filme oder eigenen Projekte zu realisieren? Sie dürfen. Alle. Sie auch. Es ist Ihr Leben, Ihre Kunst, Ihr Selbstmarketing.

Zum Schluss

Nelson Mandela hat in seiner Antrittsrede zur Präsidentschaft ein Zitat von Marianne Williamson (aus „A return to love") genutzt, um uns Menschen daran zu erinnern, dass wir unsere Stärken in den Dienst der Menschheit stellen sollten. Nicht unsere Dunkelheit sei es, die uns am meisten Angst mache, sondern unser Licht. Indem wir selbst scheinen würden, gäben wir anderen die Erlaubnis, dies ebenfalls zu tun. Wären wir selbst befreit von Angst, könnten andere sich durch unsere Gegenwart davon befreit fühlen.

Sie sind Künstler bzw. Künstlerin. Ihre Stärke ist es, immer ein bisschen mehr zu fühlen, zu wollen, zu suchen und zu geben. Leider befürchten kreative Persönlichkeiten oft, sie seien „zu viel". Zu laut, zu tief, zu emotional. Zu ernst, offen, verspielt, naiv, kritisch, anspruchsvoll. Zu leidenschaftlich, verträumt, bedürftig, mitteilsam, sensibel und verletzlich. Zu wild, zu ehrgeizig, zu kompliziert, zu bunt, zu neugierig.

Zum Schluss

Für Viele sind daher die einzigen Orte, an denen sie sich passend und angemessen empfinden, die Bühne, das Atelier, das Filmset, das Studio, die Werkstatt oder der Orchestergraben. Dort haben sie keine Sorge, dass etwas Schlechtes daran ist, wenn sie sich frei, strahlend und in voller Größe zeigen. Fühlen Sie sich frei, der Welt zu geben, was nur Sie geben können. Verstehen Sie Selbstmarketing in diesem Sinne als Ihre Pflicht, der Welt Ihren Beitrag zumindest anzubieten.

Quellennachweise und weiterführende Literatur

Brown, Brene (2017). *Verletzlichkeit macht stark.* München: Wilhelm Goldmann Verlag.
Belafonte, Harry https://www.zitate.eu/autor/harry-belafonte-zitate/91620 Zugegriffen:18. April 2020
Campbell, Joseph (1994). *Die Kraft der Mythen. Bilder der Seele im Leben des Menschen.* Zürich: Artemis & Winkler.
Campbell, Joseph (2011). *Der Heros in tausend Gestalten.* Berlin: Insel-Verlag.
Gause, Alina (2011). *Warum Künstler die glücklicheren Menschen sein könnten. Der Künstlerberuf aus psychologischer Perspektive.* Norderstedt: BoD.
Gause, Alina (2016). *Kompass für Künstler. Ein persönlicher Wegbegleiter für Kreative.* Berlin: Springer Verlag.
George, Götz (2020). https://goetz-george-stiftung.de/stiftung/motivation/ Zugegriffen: 18. April 2020
Harris, Russ (2013). *Wer vor dem Schmerz flieht, wird von ihm eingeholt: Unterstützung in schwierigen Zeiten. ACT in der Praxis.* München: Kösel-Verlag.
Harris, Russ (2009). *Wer dem Glück hinterherrennt, läuft daran vorbei: Ein Umdenkbuch.* München: Kösel.

Quellennachweise und weiterführende Literatur

Hüther, Gerald (2020). https://kulturwandel.org/inspiration/interviews-und-texte/wie-gehirngerechte-fuhrung-funktioniert/ Zugegriffen:18. April 2020

Marks, Stephan (2016a). *Scham – die tabuisierte Emotion.* Patmos-Verlag.

Marks, Stephan (2016b). Arbeitsmaterial Seminar *„Menschenwürde und Scham – Die Bedeutung von Würde, Scham und Scham-Abwehr für die psychosoziale Beratung"* vom 11. bis 13. April 2016 in Freiburg.

Shaw, George Bernard (1984). *Mensch und Übermensch.*

Maslow, Abraham. (1943). *A theory of human motivation. Psychological Review, 50(4), 370–396.*

Reis, Jack (1997). *Ambiguitätstoleranz.* Roland Asanger Verlag.

Tarr Krüger, Irmtraud (1993) *Lampenfieber. Ursachen, Wirkung, Therapie.* Stuttgart: Kreuz Verlag.

Thurnhofer, Hubert (2014). *Die Kunstmarktformel.* Norderstedt: BoD.

Vogler, Christopher (1998). *Die Odyssee des Drehbuchschreibers.* 2., aktualisierte und erweiterte Auflage. Frankfurt am Main: Zweitausendeins.

Williamson, Marianne (2016). *Rückkehr zur Liebe. Harmonie, Lebenssinn und Glück durch „Ein Kurs in Wundern".* München: Goldmann Verlag.

MIX
Papier aus verantwortungsvollen Quellen
Paper from responsible sources
FSC® C105338

If you have any concerns about our products,
you can contact us on
ProductSafety@springernature.com

In case Publisher is established outside the EU,
the EU authorized representative is:
**Springer Nature Customer Service Center GmbH
Europaplatz 3, 69115 Heidelberg, Germany**

Printed by Libri Plureos GmbH
in Hamburg, Germany